Wolfgang Galler • Christof Habres

Jüdisches Niederösterreich

Entdeckungsreisen

Wolfgang Galler
Christof Habres

Jüdisches Niederösterreich

Entdeckungsreisen

Mit Porträtfotos
von Andrea Peller

METROVERLAG

Inhalt

Zur Geschichte der Juden in Niederösterreich II 122

Vorwort

Seit dem hohen Mittelalter hatten sich auf dem Boden Niederösterreichs jüdische Gemeinden entwickelt, über die etwas mehr bekannt ist, auch wenn erste Hinweise auf die Anwesenheit von Juden bis in die römische Antike zurückreichen. Die lange Geschichte der Jüdinnen und Juden in Niederösterreich ist aber keine kontinuierliche.

Mehr oder weniger lange Phasen eines friedlichen Zusammenlebens wurden immer wieder durch Verfolgungen und Vertreibungen unterbrochen. In manchen Fällen blieben die Vertriebenen aber in der Nähe ihrer Heimat, etwa in Mähren oder jenseits der Grenze, in der ungarischen Hälfte des Habsburgerreiches, um, wenn es die Umstände erlaubten, wieder zurückzukehren.

Das seit der zweiten Hälfte des 19. Jahrhunderts durch schließlich 15 Kultusgemeinden organisierte Gemeindeleben fand 1938 ein abruptes, schreckliches Ende.

Nur wenige Überlebende kehrten nach dem Ende der Nazi-Barbarei in ihre ehemaligen niederösterreichischen Wohnorte zurück. Die Gemeinden konnten nicht wiederhergestellt werden. Ein öffentliches Interesse an einer Aufarbeitung, nicht nur in Niederösterreich, fehlte. Zeugnisse des jüdischen Lebens, die nicht den Zerstörungen während der NS-Zeit zum Opfer gefallen waren, verfielen zunehmend – ehemalige Synagogen wurden abgerissen, Friedhöfe verkamen.

Erst die beginnende Aufarbeitung in den letzten Jahrzehnten brachte hier ein langsames Umdenken. Private

Initiativen und Einzelpersonen, die vor allem anfangs auf große Widerstände und Ablehnung trafen, zeichnen für die Entwicklung verantwortlich. Besondere Impulse, was wissenschaftliche Forschung und Publikationstätigkeit anbelangt, gingen vom »Institut für jüdische Geschichte Österreichs« aus, das in der ehemaligen Synagoge der niederösterreichischen Landeshauptstadt St. Pölten seinen Sitz hat.

Jüdisches Gemeindeleben konnte sich in den letzten Jahrzehnten jedoch nur in Baden, wo auch die stark vom Verfall bedrohte Synagoge gerettet wurde, wieder entwickeln.

Auch wenn Baden der einzige Ort mit einer aktiven Gemeinde ist, so haben sich doch immer wieder Jüdinnen und Juden in den verschiedenen Regionen angesiedelt. Aus welchen Gründen das geschah, welche Geschichten dahinter stehen und wie sie ihr Judentum – oft weit entfernt von einem religiösen, koscheren und gesellschaftlichen Alltag – definieren und leben, vermitteln die Porträts heute in Niederösterreich lebender Jüdinnen und Juden.

Durch die Gegenüberstellung der Traditionen, Kultur und Geschichte der ehemaligen jüdischen Gemeinden und der Lebensgeschichten der in diesem Bundesland beheimateten Jüdinnen und Juden wird der Band zu einer informativen Entdeckungsreise.

Wolfgang Galler und Christof Habres,
März 2013

Zur Geschichte der Juden in Niederösterreich I

Die Anfänge: Historische Fiktion und frühe Quellen

> *Do Abraham von Temonaria vertriben wart [...], da gieng er in armut alz lang, üncz das er cham in ain land bey der Tunaw, daz vor langer zeit ain Jud het gehaissen Judeisapta, der selb Jud doch nie in das land cham, und gieng als lang, bis er vand ain stat, die im wol geviel. Da machet er im selber ain hauz und lie sich da nider und nant die stat Anreytim, die yczund haisset Stocharaw.*

Judeisapta – »Für die Juden geeignet« hieß das Land an der Donau, in das der Jude Abraham im Jahr 859 nach der Sintflut gekommen war. Nicht weniger als die Herrschaft Österreich soll er, der seinen Herrschaftssitz in Stockerau bezog, damals errichtet haben. Die jüdische Fürstendynastie, deren Stammvater Abraham wurde, herrschte dann bis 210 v. Chr. als Markgrafen über dieses Judeisapta. So zumindest erzählt es die »Österreichische Chronik von den 95 Herrschaften« aus der zweiten Hälfte des 14. Jahrhunderts, die dem gelehrten Augustiner-Eremiten Leopold von Wien

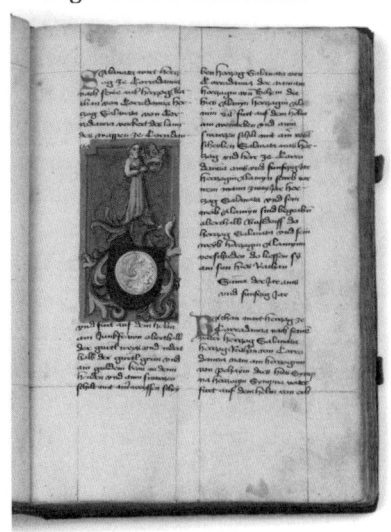

zugeschrieben wird. Dass diese Chronik eine Art Best-seller ihrer Zeit war, zeigen die verhältnismäßig vielen erhaltenen Handschriften davon und die Rezeption der Geschichte über dieses jüdische Reich in mehreren anderen Geschichtswerken zwischen dem 15. und 18. Jahrhundert, wobei die herrschaftliche Sedes variieren kann: Es werden auch Tulln, Korneuburg und Wien ins Rennen geschickt.

Freilich handelt es sich hier nicht um historische Realität – der mutmaßliche Verfasser der »Chronik von den 95 Herrschaften« hatte aber auch seine triftigen Gründe, diese Geschichte in eine Zeit, über die schriftliche Quellen fehlen, einzuschieben. Es ging darum, dem Auftraggeber des Werkes, Herzog Albrecht III., und damit der Herrschaft Österreich eine Auflistung der bisherigen Herrscher zu geben, die bis auf das biblische Judentum zurückging. Auch wenn es sich bei der beschriebenen Geschichte aus dem späten 14. Jahrhundert um historische Fiktion handelt, versuchte man mit dieser und vergleichbaren Geschichten, die Legitimation und damit auch den Rang der jeweiligen Fürsten zu steigern.

Der älteste bislang bekannte wirkliche Nachweis für die Anwesenheit von Juden auf dem Gebiet des heutigen Österreichs stammt aus Halbturn im Burgenland, wo in einem Kindergrab des dritten Jahrhunderts die Kapsel eines Silberamuletts gefunden wurde. In dem Amulett befand sich ein Goldblechstück mit griechischer Inschrift. Bei näherer Betrachtung stellte sich heraus, dass sie hebräisch ist und die griechische Umschrift des *Schma Jisrael* – »Höre Israel« (Höre Israel, der Herr ist unser Gott, der Herr ist einzig) – aus dem 5. Buch Mose wiedergibt. Eine Gebetsformel, die heute eine herausragende Stellung im täglichen jüdischen Gebet einnimmt. Trotzdem bleibt es fraglich, ob das Kind in dem Grab einer jüdischen Familie angehörte. Denn Amulette wie dieses wurden in der römischen Antike oft als Abwehr gegen Dämonen – die man auch für Verursacher von Krankheiten hielt – weiterverkauft, und das ohne Rücksicht auf die Zugehörigkeit zu einer bestimmten religiösen Gruppe. Man bediente sich sozusagen im Supermarkt der Religionen. Das Amulett könnte also auch auf diese Weise in die Familie des Kindes gekommen sein, auch wenn man davon ausgehen kann, dass es von einem Juden für einen Juden hergestellt worden war. Das zeigt sich daran, dass es nicht wie vergleichbare Objekte magische Beschwörungsformeln enthält, sondern hier einzig der Glaube an den einen Gott Israels das Böse fernhalten sollte. Das ist auch das Herausragende an diesem Objekt. Die Verbindung zu Niederösterreich liegt in der Vermutung, der Schöpfer des Amuletts, ein jüdischer

Magische Gemme
(3. Jahrhundert n. Chr.)

»Magier«, sei in Carnuntum ansässig gewesen. Diese beruht nicht nur auf der geografischen Nähe zum Fundort des Amuletts, sondern auch darauf, dass sich dort einige magische Schutzamulette in Form von Gemmen, mit griechischer Inschrift, ebenfalls aus dem dritten Jahrhundert gefunden haben, wobei ein Zusammenhang mit dem Fund aus dem Burgenland angenommen wird. Nicht nur die griechischen Inschriften gelten als Indiz, sondern vor allem die Kurzform der griechischen Umschreibung des hebräischen Wortes Jahwe. So zeigt eine dieser Gemmen in Jaspis eingeschnitten die Buchstaben IAW, eben eine Deutung von Iahve, jedoch in Kombination mit der Darstellung und der Namensinschrift des Abraxas, des Urwesens der alexandrinischen Gnosis des zweiten Jahrhunderts, das als Mischung aus Hahnenkopf, Menschenleib und Schlangenbeinen dargestellt wird. Des Öfteren finden sich, wie auch in Carnuntum, auf derartigen Gemmen mit dem magischen Mischwesen hebräische Umschreibungen von Gottes Namen.

Zumindest in einer synkretistischen beziehungsweise magischen Art fand die Rezeption des Judentums auch im Gebiet des heutigen Niederösterreichs Eingang. Außerdem ist in anderen Gebieten der römischen Provinz Pannonien, etwa im heutigen Ungarn, die Präsenz von Juden eindeutig belegt. Es sprechen also einige Indizien dafür, dass dies in einer so bedeutenden Stadt wie Carnuntum ebenso der Fall war.

Sind schon für die Römerzeit Hinweise mehr als spärlich, so sind für das frühe Mittelalter im gesamten geografischen Raum Österreichs kaum jüdische Spuren greifbar. Nur selten blitzen hier Quellen auf. So bittet einmal ein Salzburger Bischof – entweder Arn (Bischof von 785 bis 821), vermutlich aber einer seiner Nachfolger, Luprian (Bischof von 836 bis 859) – um einen »medicus judaicus vel slawinicus«, also einen jüdischen oder slawischen Arzt. Interpretiert wird diese kurze Passage aus den »Formulae Salzburgenses (n. 38)« so, dass es dabei um einen jüdischen Arzt geht, der sich im slawischen Gebiet aufhielt. Wo genau, ist dabei freilich nicht auszumachen.

Die in diesen Jahrhunderten bedeutendste Nennung

findet sich aber in der Raffelstettner Zollordnung, benannt nach dem oberösterreichischen Ort östlich von Linz, wo sie zwischen 903 und 906 erlassen wurde. Sie belegt die Anwesenheit beziehungsweise den Durchzug von jüdischen Kaufleuten im Donauraum. Entlang der Donau mussten sie im Ost-West-Handel auch das heutige Niederösterreich durchreist haben.

Der Beginn einer kontinuierlichen jüdischen Geschichte im heutigen Niederösterreich, wenn auch durchbrochen von Wellen der Verfolgung und Ansiedlungsverboten in diesem Gebiet, liegt im 13. Jahrhundert. Seit dieser Zeit finden sich auch vermehrt Quellen, die Einblick in das Leben der jüdischen Gemeinden geben beziehungsweise die über das Zusammenleben mit der christlichen Bevölkerung, aber auch über die Pogrome und Vertreibungen, die sich durch die Jahrhunderte ziehen, berichten.

Bereits 1194 ist in Wien – das freilich bei der Betrachtung nicht vom heutigen Niederösterreich trennbar ist – von Shlom, dem jüdischen Münzmeister Herzog Leopolds V., die Rede, der 1196 gemeinsam mit 15 anderen Juden beim Durchzug von Kreuzrittern ermordet wurde. Shlom war just zum Münzmeister ernannt worden, als das Lösegeld für den in Erdberg auf der Rückkehr vom Kreuzzug gefangen genommenen König Richard Löwenherz eintraf. Dies war vermutlich kein Zufall. Shlom wurde wohl als Finanzexperte ins Land gerufen. So trug seine Arbeit indirekt dazu bei, dass niederösterreichische Städte wie Wiener Neustadt oder Hainburg durch die Mittel aus dem Lösegeld ausgebaut werden konnten.

Wenn die Ermordung Shloms das Ende der Geschichte der kleinen jüdischen Gemeinde Wiens bedeutete, so war dies zumindest nicht von langer Dauer. 1238 wird die

Wiener Gemeinde zum ersten Mal in einem Privileg Kaiser Friedrichs II. erwähnt. Dabei handelt es sich schon um eine durchorganisierte Gemeinde, die bereits über längere Zeit gewachsen sein musste; außerdem amtierte hier, wie sich aus seinen Schriften erschließen lässt, Izchak bar Mosche aus Böhmen, schon ein herausragender Gelehrter, als Rabbiner. Ihm sind auch frühe Erwähnungen über das Leben der Wiener Gemeinde zu verdanken. Hinzu kommt, dass bereits einige Jahre früher Teka, latinisiert Techanus, in das Licht der Geschichte rückt. Er nahm, wie auch der genannte Münzmeister Shlom, eine besondere Stellung ein und stand sowohl dem ungarischen König als auch dem österreichischen Herzog nahe. Teka trat sogar als Bürge für die Schulden Herzog Leopolds VI. in einer wichtigen Urkunde auf. Er kam aus Ungarn, wo bereits sein Vater Land besaß und wo Teka auch als königlicher Steuerpächter sein Hauptbetätigungsfeld hatte. Er war auch herzoglicher Lehensinhaber in Kagran.

Hans Morgenstern
Sankt Pölten

Er war der letzte jüdische Bub, der vor dem »Anschluss« in St. Pölten geboren wurde. Hans Morgenstern wurde am 11. Dezember 1937 geboren und am 12. März 1938 war er gerade einmal vier Monate alt. Mit der Machtübernahme der Nationalsozialisten änderte sich das Leben für die Familie vollkommen. Sein Vater Egon, ein Rechtsanwalt, der in Olmütz geboren worden war, wurde ein paar Monate nach dem »Anschluss« mit Berufsverbot belegt. Die Familie wurde aus ihrem Haus gejagt und musste schlussendlich in der Rechtsanwaltskanzlei des Vaters wohnen. An eine Erzählung aus dieser Zeit kann sich Hans Morgenstern bis heute ausgezeichnet erinnern: Als es für die Juden in Österreich auch Verpflichtung wurde, ein »J« in ihre Pässe stempeln zu lassen, machte sich Hans Morgensterns Mutter Stella, geborene Bacher aus Wilhelmsburg, auf den Weg zum Magistrat, um dieser diskriminierenden Verpflichtung nachzukommen. Als sie dem Beamten nach dem Pass ihres Mannes auch den ihren nachreichen wollte, meinte der Mann hinter dem Schalter: »Frau Morgenstern, aber Sie brauchen das ja nicht!«

Stella Morgenstern, groß, blond und blauäugig, antwortete lakonisch: »Mein lieber Herr, da täuschen Sie sich. Ich brauche das auch – ich bin Jüdin!«

Es sind solche kurzen, einprägsamen Geschichten, die für Hans Morgenstern die perverse Absurdität der damaligen (Rassen-)Gesetzgebung offenbaren.

Im März 1939 gelang es ihnen über Bekannte, in der Schweiz ein Visum für Palästina zu bekommen. Dafür waren sie gezwungen, den gesamten Schmuck der Großmütter zu verkaufen. Das erste Ziel der Morgensterns auf ihrer Flucht war Basel, um sich die Visa abzuholen. Von dort ging es weiter zu Bekannten nach Mailand. Da hatten sie die Möglichkeit, zu übernachten und auf den Tag der Abfahrt ihres Schiffes nach Palästina zu warten. Das Schiff lief zwar von der Hafenstadt Triest aus, aber sie konnten sich einfach kein Hotel- oder Pensionszimmer vor Ort leisten. Daher wartete man bis einen Tag vor der Abfahrt, bestieg den Zug nach Triest und ging an Bord der »Patria«, deren Zielhafen Haifa war.

Die Jahre in Palästina waren für den Vater von Hans Morgenstern furchtbar. Egon Morgenstern, der in seiner Kindheit an Kinderlähmung erkrankt war und seitdem mit Krücken gehen musste, litt sehr unter den Bedingungen im Land. Am Klima, der Hitze und der Luftfeuchtigkeit, die ihm das Gehen im Freien nahezu verunmöglichten. Zu diesen gesundheitlichen Problemen kam hinzu, dass Egon Morgenstern die ersten beiden Jahre arbeitslos war. Erst nach langem Suchen fand er eine Anstellung in der Bibliothek des »British Institute« am Rothschild-Boulevard in Tel Aviv.

Für ihn war aber immer klar, dass er nach Österreich zurückkehren würde. Er vermisste die europäische Kultur und bezeichnete sich immer als Österreicher durch und durch. Selbst nach den schrecklichen Ereignissen, die ihm und seiner Familie passiert sind. Außerdem sehnte er sich danach, wieder als Rechtsanwalt zu arbeiten, was ihm in Palästina versagt war. Mit seinem Job in der Bibliothek verdiente er nur sehr wenig.

Nach dem Ende des Krieges versuchte er alles Erdenkliche, um so schnell wie möglich nach Österreich zurückzukommen. Sehr im Widerstreit zu seiner Frau, denn die wollte partout nicht zurück. Sie erklärte immer wieder, dass sie »mit den Nazis in Österreich« nichts mehr zu tun haben wollte. Sie war überzeugt davon, dass sich die grundsätzliche antisemitische Haltung vieler Menschen auch nach dem Krieg nicht geändert haben würde. Doch die finanziellen, gesundheitlichen und sentimentalen Argumente ihres Mannes überwogen. Die Familie bekam vom österreichischen Konsulat in Jerusalem ihre Staatsbürgerschaftsurkunden zurück und brach im März 1947 auf. Zuerst ging es mit einem Transport nach El Shatt, einem Ort am Suezkanal. Dort wurden sie in einem Flüchtlingslager untergebracht. Hans Morgenstern erinnert sich, dass sie dort fast zwei Monate auf ihre Passage nach Europa warten mussten und kaum mit anderen Flüchtlingen gesprochen haben. Denn die anderen Lagerinsassen kamen meist aus Kroatien oder Serbien und waren ebenfalls vor der Tötungsmaschinerie der Nazis geflohen.

Wenn man Deutsch sprach, machten sie keinen Unterschied, ob ebenfalls Flüchtling oder Täter. Daher unterhielt sich die Familie nur leise, wenn sie unter sich war.

Das Schiff brachte sie nach Venedig und von dort ging es mit einem Flüchtlingstransport in umgebauten Viehwaggons – was seine Eltern im Nachhinein sehr pikant empfanden – weiter nach Wien. Bei ihrer Ankunft am Wiener Südbahnhof erwartete die wiederkehrenden Flüchtlinge ein offizielles Empfangskomitee, an dessen Spitze niemand Geringerer als Bundeskanzler Leopold Figl stand.

Nun, so leicht zu verdauen, war die Rückkehr nicht. Das bemerkten die Morgensterns als sie wieder nach St. Pölten kamen. Von den etwa fünfhundert Mitgliedern der jüdischen Gemeinde St. Pöltens kamen nach dem Krieg nur zehn Menschen zurück. Die Restitution des Besitzes der Morgensterns war kompliziert und zog sich in die Länge. Das erste halbe Jahr verbrachte die Familie in einem Hotel der Stadt. Sie hatten zwei Zimmer zur Verfügung, wovon eines zum Wohnen diente und im zweiten der Vater seine Rechtsanwaltspraxis betrieb. Bei der Neueröffnung seiner Praxis half ihm sein guter Name als Rechtsanwalt, den er sich vor dem Krieg erworben hatte. Er hatte bald ausreichend Klienten, um sich und seiner Familie das Überleben zu sichern. Wobei Egon Morgenstern schon immer wieder an die Worte seiner Frau denken musste, dass sich im Land nichts geändert haben würde. Überhaupt wenn er vor Gericht gehen musste. Bei den Männern in ihren Talaren war – um es euphemistisch auszudrücken – wahrlich Kontinuität gewahrt worden. Es sprachen oft noch immer jene Schergen Recht, die bis kurz zuvor aus voller Überzeugung einem Unrechtsregime dienten.

Nach dem Aufenthalt im Hotel wurde ihnen, da die Sow-jets ihr Haus in Beschlag genommen hatten, eine Wohnung und Räume für die Praxis zugewiesen.

Hans Morgenstern besuchte das Gymnasium, wo er der einzige Jude war, was er manchmal in den Pausen mit einem »Saujud!« um die Ohren geknallt bekam. Neben diesen unliebsamen Zwischenfällen, einigen Professoren mit dezidierter Nazi-Vergangenheit, die sie auch nicht zu verstecken suchten, und einem Geschichtsunterricht, der in all den Jahren nicht über den Ersten Weltkrieg hinwegkam, verlief seine Jugend im Nachkriegs-Österreich relativ problemlos und unbeschwert. Nach der Matura begann er mit dem Studium der Rechtswissenschaft in Wien. Aber nach einem Jahr sattelte er auf Medizin um. Seine Mutter war am Anfang strikt dagegen. Wofür hatten sie denn die etablierte Praxis des Vaters und seinen Kundenstamm, den der Sohn später übernehmen könne. In ihren Augen war das Studium der Medizin viel zu unsicher.

Wie hätte sie nur reagiert, wenn er Literatur- oder Theaterwissenschaft hätte studieren wollen?

Er absolvierte das Medizinstudium und spezialisierte sich auf Dermatologie. Nach seinem dreijährigen Turnus in Tulln und St. Pölten arbeitete er an der 2. Hautklinik des AKH in Wien. Nach dem Tod seines Vaters im Jahr 1970 übernahm er die Räumlichkeiten der Praxis und adaptierte sie für eine Ordination. Ab 1972 ordinierte er halbtags, ab 1973 dann Vollzeit, bis zu seiner Pensionierung 2001.

Hans Morgenstern sieht sich als bewusster Jude, jedoch nicht als religiös. Obwohl seine Familie sehr assimiliert gewesen ist, kam es ihr niemals in den Sinn, aus der Kultusgemeinde auszutreten. Hans Morgenstern bekennt, dass er keine Ahnung von der Religion hat und er sich fremd vorgekommen ist, jedes Mal, wenn er zu einem Gottesdienst oder einer Feier in den Tempel gegangen ist. Er hat nichts verstanden und konnte die Gebete nicht lesen. Nichtsdestotrotz ist es ihm wichtig, dass die Geschichte der Juden in St. Pölten nicht vergessen wird. Er setzt sich für die Aufarbeitung ein, initiierte eine Gedenktafel und freute sich, als der Tempel der Stadt renoviert und im Jahr 1984 mit einer großen Feier wiedereröffnet wurde.

Dass er sich aber nicht nur mit der Geschichte der Juden in St. Pölten beschäftigt, sondern bei seiner Aufarbeitung ganz global denkt, beweist ein Buch, an dem er jahrzehntelang gearbeitet hat. Er hat nach aufwendigen Recherchen ein Lexikon mit dem Titel »Jüdisches biographisches Lexikon. Eine Sammlung von bedeutenden Persönlichkeiten jüdischer Herkunft ab 1800« verfasst. Mehr als 6000 Biografien hat er im Lauf der Jahre zusammengetragen, und er arbeitet bis heute daran. Denn in absehbarer Zeit wird eine zweite, erweiterte Auflage des Buches herauskommen. Bei seiner Recherche nach bekannten und bedeutenden Jüdinnen und Juden (bis zum heutigen Tag) helfen ihm viele Freunde und Bekannte. Selbst die Kellnerinnen in seinem Stammcafé, dem Cinema Paradiso, unterstützen ihn dabei. Wenn er es einen Tag nicht schafft, vorbeizukommen, heben sie für ihn die internationalen Zeitungen auf. Die blättert er dann sorgfältig durch, liest sich Nachrufe durch und sieht sich die verschiedenen Todesanzeigen an. Es vergeht kaum ein Tag, an dem er nicht einen potenziellen Neuzugang für sein Kompendium findet und quasi bekräftigend dazu bemerkt:

»Ist schon beeindruckend, was der Vidal Sassoon als Friseur für eine Karriere gemacht hat. Den könnte ich auch zu meinen Biografien dazu nehmen!«

Und so wächst Hans Morgensterns Lexikon kontinuierlich von Tag zu Tag.

Weinhändler und Fleischhauer:
Berufe schaffen Lebensräume

Etwa gleichzeitig mit der Ausprägung der Wiener Gemeinde entstand die Gemeinde von Wiener Neustadt Anfang des 13. Jahrhunderts; die wohl erste auf dem Boden des heutigen Niederösterreichs. Es ist jedoch anzumerken, dass Wiener Neustadt damals genau genommen in der Grafschaft Pitten lag und damit zum Herzogtum Steiermark gehörte. Gleich zwei Quellen, die die Existenz einer jüdischen Gemeinde dort belegen, stammen aus dem Jahr 1239. In einem Gutachten für eine Heiratsurkunde wird mit Chaim bar Mosche auch der erste bekannte Rabbiner erwähnt, der im heutigen Niederösterreich wirkte. Die Ansiedlung könnte schon bald nach der Gründung der Stadt an wichtigen Handelswegen im Jahr 1194 ihre Anfänge genommen haben. Unter anderem scheint hier der Weinhandel eine Rolle gespielt zu haben.

Jüdischer Weinhandel wird bereits im Privileg Kaiser Friedrichs II. 1238 für die Wiener Gemeinde belegt: »Außerdem können sie ihren Wein, Färbemittel und Arzneien den Christen verkaufen.« Er scheint vor allem für die Weinbaugebiete in Niederösterreich wichtig gewesen zu sein. Auch was den persönlichen Grundbesitz anbelangte, spielten Weingärten eine große Rolle, wurde doch in den Gemeinden immer koscherer Wein gebraucht.

Ein anderer Berufszweig, in dem Juden im Mittelalter und in der frühen Neuzeit vertreten waren, war der des Fleischhauers, was nicht immer konfliktfrei verlief.

Immer wieder kam es aufgrund des Fleischverkaufs zu Zwistigkeiten, da wegen der jüdischen Speisevorschriften gewisse Teile der selbst geschlachteten Tiere nicht verzehrt werden dürfen und deshalb den Christen zum Verkauf angeboten wurden, wodurch eine Konkurrenzsituation mit christlichen Fleischhauern entstand. In geringerem Maß ergab sich dies auch bei den Bäckern.

Einen besonderen Erwerbszweig bildeten Arzneihändler, Apotheker und vor allem die für ihre Kunst berühmten Ärzte. Alle Berufe und Dienstleistungen, die innerhalb der jüdischen Gemeinden ausgeübt wurden, lagen hingegen außerhalb des Blickfeldes ihrer christlichen Umgebung.

In Krems lassen sich jüdische Einwohner in den 60er-Jahren desselben Jahrhunderts nachweisen, wobei die damals bereits vorhandene Organisationsstruktur auf eine ältere Ansiedlung schließen lässt. Auch wohnte mit Bibas, der schon 1239 erwähnt wird, der erste namentlich bekannte jüdische Bewohner Niederösterreichs – abgesehen vom Pittener Gebiet, wo im selben Jahr ein Rabbiner namentlich Erwähnung findet – vermutlich in Krems. Fast zeitgleich mit Krems folgte Tulln, wenig später Laa an der Thaya, und auch in Zwettl könnte es bereits in der zweiten Hälfte des 13. Jahrhunderts eine jüdische Einwohnerschaft gegeben haben. Ende des Jahrhunderts sind auch Bewohner in St. Pölten und Klosterneuburg verbürgt.

Liberale Erlässe mit finanziellen Hintergründen

1244 erließ der letzte Babenberger, Herzog Friedrich II., genannt der Streitbare, eine Ordnung für die Juden in Österreich und der Steiermark, was wohl als eine Ergänzung zu dem bereits erwähnten Privileg seines Namensvetters Kaiser Friedrichs II. gedacht war. Hierin war auch das bereits seit der Spätantike zumindest theoretisch bestehende Verbot von Zwangstaufen aufgenommen worden. Auch finden sich darin Bestimmungen, die die Freiwilligkeit einer Konversion gewährleisten sollten. Unter anderem wurde dies auch dadurch sichergestellt, dass ein Konvertit seines Erbteils verlustig gehen sollte. So heißt es: »Und wie einer das Gesetz seiner Väter aufgegeben hat, so soll er auch das Erbrecht verlieren.«

Hervorzuheben bei den Ergänzungen Herzog Friedrichs II. ist, dass der Mord an einem jüdischen Bewohner mit der Todesstrafe bedroht wurde. Gleiches galt auch für die Schändung eines jüdischen Friedhofs. Körperverletzungen an Juden wurden – je nach Schwere – mit hohen Geldbußen belegt, ebenso auch andere Verbrechen, die sich gegen die jüdischen Gemeinden richteten. Körperliche Bestrafung erwartete den, der »an eine Jüdin gewaltsame Hand anlegt«, ihm sollte die Hand abgeschlagen werden. Damit waren die rechtliche Grundlage und eine gewisse Sicherheit geschaffen, auf deren Basis sich das jüdische Leben in Niederösterreich entwickeln konnte. Auch Friedrichs Nachfolger als Herr über das heutige Niederösterreich, der böhmische König Ottokar II. Přemysl, knüpfte an diese Gesetzgebung an. Sie diente als Vorbild für ähnliche Rechte, die in Ungarn 1251 und in Polen 1264 erlassen wurden. Der erste habsburgische Landesherr schließlich, Rudolf I., übernahm 1277 den Wortlaut von Friedrichs Erlass fast zur Gänze.

Es muss aber erwähnt werden, dass dieser Schutz durch den Landesfürsten nicht nur aus selbstlosen Motiven heraus geschah, sondern auch die zu erwartenden finanziellen Gewinne, die aus den wirtschaftlich potenten jüdischen Gemeinden gezogen werden konnten, dabei eine Rolle spielten.

Während die herrscherlichen Erlässe dieser Zeit durchwegs recht liberal waren, beinhalteten die kirchlichen restriktivere Bestimmungen, vor allem was den geschäftlichen, aber auch privaten Umgang zwischen Christen und

Juden betraf. Unter anderem wurde auf dem Wiener Konzil von 1267 auch das Tragen des von mittelalterlichen Darstellungen bekannten spitzen »Judenhutes« angeordnet. Dieser war zwar auch vorher die Kopfbedeckung jüdischer Männer gewesen, jedoch wohl freiwillig und als Zeichen ihrer religiösen Zugehörigkeit getragen worden.

Durch diese Kleiderordnung wurde das Tragen des Hutes zum Zwang und dadurch im negativen Sinne typisierend. Es sollte mit einigen anderen der damals erlassenen Kanones zur sozialen Isolierung beitragen. 1284 wurden die Bestimmungen anlässlich einer Synode in St. Pölten wiederholt, was zeigt, dass deren Einhaltung alles andere als genau genommen wurde. Das römische Kirchenrecht enthielt aber auch einige Schutzbestimmungen, deren regionale Beachtung nicht immer gegeben war. Darunter fiel Schutz vor Zwangstaufe, Körperverletzung, Raub und Mord. Auch gegen die willkürliche Einschränkung von Gewohnheitsrechten und Übergriffe auf jüdische Feste und die Schändung von jüdischen Friedhöfen wandten sich diese Bestimmungen. Ein Verbrechen, das sich bis in unsere Tage zieht. Denn gerade im Judentum besagt die Tradition, dass die Grabmäler auf ewig Heimstatt der Toten sind. Das Setzen eines Gedenksteins wird auf die erste Erwähnung eines solchen in der Genesis für Rachel, die Frau Jakobs, die zu den Erzeltern Israels gezählt wird, zurückgeführt. Die Anlage der Friedhöfe außerhalb der Ansiedlungen beruht wohl auf Reinheitsgeboten. Die Bedeutung, die dem Friedhof entgegengebracht wurde und wird, liegt jedoch nicht in jüdischen Geboten begründet. Eher ist die hohe Achtung vor diesem Ort aus der Akkulturation an die Traditionen der christlichen Umwelt heraus zu verstehen, die im Lauf des Mittelalters vor sich ging.

Mitte des 13. Jahrhunderts wurde den herrscherlichen Erlässen das Verbot hinzugefügt, Juden des Ritualmordes zu bezichtigen. Diese Maßnahme kam nicht von ungefähr, tauchten in dieser Zeit doch zunehmend solche Beschuldigungen auf – ein antisemitisches Klischee, das sich so hartnäckig wie kaum ein anderes über die Jahrhunderte halten sollte. An dieser Stelle sei erwähnt, dass der Begriff Antisemitismus erst 1879 geprägt wird.

In Niederösterreich wurde ein solcher Vorwurf erstmals 1293 in Krems laut. Die erlassenen Gesetze, die derartiges verhindern sollten, waren also durch die Erfahrungen in anderen Ländern beeinflusst.

1294 findet in Laa an der Thaya ein ähnliches Stereotyp in Niederösterreich das erste Mal Erwähnung, das über Jahrhunderte hinweg als Vorwand für Verfolgungen und Pogrome dienen sollte: die Hostienschändung.

Dies waren bereits Vorboten für die zunehmend antisemitischen Tendenzen, die im 14. Jahrhundert auch auf Niederösterreich überschwappten. Die Zeit eines, wenn schon nicht immer harmonischen, so jedoch verglichen mit anderen Ländern in dieser Zeitspanne zumeist friedlichen Zusammenlebens war beendet.

Bereits zu Beginn des folgenden Jahrhunderts führte der erneute Vorwurf einer Hostienschändung 1305 in Korneuburg zur bis dahin blutigsten Verfolgung in Niederösterreich. Den Aussagen nach, soll ein Bäckergeselle eine blutende Hostie auf der Türschwelle des jüdischen Schulmeisters gefunden haben, dem vorgeworfen wurde, sie gestohlen und geschändet zu haben. Dies führte zur Ermordung von vermutlich elf jüdischen Einwohnern. Dass der vermeintliche Schänder der Hostie unschuldig war, wurde im Nachhinein zwar zweifelsfrei festgestellt, ob die damaligen Ergebnisse der Untersuchung öffentlich gemacht wurden, ist jedoch fraglich, da die Ereignisse einerseits in Korneuburg ein langes Nachleben hatten und andererseits noch weite Kreise ziehen sollten.

Trotzdem waren das 13. und auch noch beginnende 14. Jahrhundert Epochen, in denen sich das jüdische Leben relativ sicher hatte entfalten können. Außer in den bereits genannten Orten, lebten Juden zu Beginn des 14. Jahrhunderts in einer recht erklecklichen Anzahl von niederösterreichischen Ortschaften – wenn auch oft nur eine Familie und mitunter auch nur recht kurzfristig nachweisbar. Darunter fallen: Drosendorf, Eggenburg, Emmersdorf, Falkenstein, Gars, Gmünd, Hadersdorf am Kamp, Horn, Langenlois, Mautern, Mistelbach, Pulkau, Raabs, Rastenfeld, Retz, Traiskirchen, Weiten, Wolkersdorf, Ybbs und Zistersdorf.

Eine Zäsur brachte die Verfolgungswelle mit sich, die durch eine weitere vermeintliche Hostienschändung, diesmal 1338 in Pulkau, ausgelöst wurde. War das perfide Muster, nach dem die Vorwürfe gestrickt waren, zwar bekannt, so hatten die Ereignisse in Pulkau doch etwas bisher nicht Dagewesenes mit sich gebracht: Die Folgen blieben nicht auf den Ort begrenzt, sondern lösten antijüdische Gewaltausbrüche in ganz Niederösterreich, aber auch in Teilen Böhmens und vor allem Mährens aus. Betroffen waren vor allem kleinere Ansiedlungen. In den größeren Gemeinden, wie Wiener Neustadt und Krems, gab es wohl keine körperlichen Übergriffe, man nutzte aber die von Angst und Einschüchterung geprägte Stimmung, um wirtschaftliche Zugeständnisse abzupressen – »als Dank für den gewährten Schutz«. Wie langlebig diese Diffamierungen in der Erzähltradition waren, zeigt etwa ein Auszug eines antisemitischen Dramas über die Ereignisse von Pulkau, den die Eggenburger Zeitung im Sommer 1938 – sechshundert Jahre später – als Vorankündigung für ein Heimatbuch brachte.

Trotz dieses brutalen Einschnittes erholten sich die Gemeinden relativ rasch. Die Pulkauer Verfolgungswelle hatte dazu geführt, dass man sich entschloss, in der Nähe größerer jüdischer Gemeinden zu siedeln, wodurch man sich mehr Sicherheit erhoffte. Von den zuvor erwähnten kleineren Ansiedlungen werden aber einige zumindest zeitweilig nach 1338 nicht mehr erwähnt. Für andere wiederum fällt in die Zeit nach der Pulkauer Verfolgung ein Aufstieg. So auch für die Gemeinden im süd-

Anlass zum Bau der Blutkirche in Pulkau war das angebliche Hostienwunder

lichen Wiener Umland, die in Perchtoldsdorf, Mödling und Traiskirchen auch über Synagogen verfügten. Sie boten durch die Nähe zum wirtschaftlichen Zentrum Wien einen weiteren Anreiz zur Ansiedlung. Neben diesen lassen sich aber auch Ansiedlungen in Bruck an der Leitha, Hainburg, Herzogenburg, Langenlois, Marchegg, Neulengbach, Weikersdorf und Weitra nachweisen. Diese entwickelten sich wie im Fall von Hainburg, Herzogenburg (wo mit Hetschel einer der erfolgreichsten jüdischen Geschäftsmänner des 14. Jahrhunderts seinen Sitz hatte) und Bruck an der Leitha (wo im zweiten Viertel des 14. Jahrhunderts eine Synagoge entstand, deren Reste sich bis heute erhalten haben) zu ansehnlichen Gemeinden. Ebenso entstanden damals in Perchtoldsdorf und Mödling Ansiedlungen. In diese Zeit fällt auch der erste Nachweis über die Gemeinde von Neunkirchen, das jedoch wie Wiener Neustadt damals auf steirischem Gebiet lag und vermutlich bereits in der zweiten Hälfte des 14. Jahrhunderts über eine Synagoge verfügte. Außerdem weisen Herkunftsangaben in Urkunden auf weitere Wohnorte wie Hadersdorf am Kamp, Himberg, Krut (wobei hier nicht mit Sicherheit gesagt werden kann, ob es sich um Böhmischkrut, das heutige Großkrut, oder Dürnkrut handelt), Stockstall, Waidhofen an der Ybbs, Waltersdorf, Wullersdorf sowie einige andere Orte hin.

Über die Lebensumstände der Bewohner der kleineren Orte ist kaum etwas bekannt. Dabei müssen gerade hier die Kontakte zwischen den jüdischen Bewohnern und ihrer christlichen Umwelt besonders stark gewesen sein, handelte es sich doch mitunter nur um einzelne Familien, die dort siedelten. Auch in größeren Orten müssen die sozialen Kontakte wesentlich enger gewesen sein, als die diversen Kontaktverbote, die übrigens von beiden Seiten vorgeschrieben wurden, vermuten lassen. Auch wenn vor allem gegen Ende des Mittelalters teilweise Tendenzen vorhanden waren, sich abzugrenzen, gab es im Gebiet Niederösterreichs keine Ghettos. Man versuchte zwar, in den »Judengassen« in der Nähe der Synagogen zu siedeln, doch war dies nicht zwingend. Außerdem lebten in diesen Wohngebieten auch christliche Bewohner. Vor allem für die jüdische Oberschicht kann man konstatieren, dass ihre Lebensart und ihr Repräsentationsbedürfnis ähnlich dem ihrer christlichen Standesgenossen war. Ein besonderer Unterschied bestand jedoch darin, dass die Juden – schon aufgrund der Tatsache, dass sie ihre Rechte hier durch den Herrscher verliehen bekamen – kein eigentliches Bürgerrecht in den Städten Niederösterreichs besaßen und auch nicht als Bürger bezeichnet wurden.

Unter den mittelalterlichen Gemeinden gab es eine

gewisse hierarchische Abstufung, so etwa nach der Größe oder nach dort lehrenden geistlichen Autoritäten. Auf dem Gebiet des heutigen Niederösterreichs waren dies Wiener Neustadt und Krems, wenn man Wien hier ausklammert. Diese beiden Orte verfügten – Wiener Neustadt sicher, Krems höchstwahrscheinlich – über ein größeres rabbinisches Gericht und, was besonders wichtig war, über Friedhöfe. In Wiener Neustadt fand sich mit einem Grabstein aus dem Jahr 1252 sogar der älteste noch erhaltene jüdische Grabstein ganz Österreichs. Wohl handelte es sich dabei um die einzigen jüdischen Friedhöfe dieser Zeit, worauf auch eine Bestimmung in der erwähnten Ordnung Friedrichs II. hindeutet. Diese besagt, dass an Zollstellen keine Abgaben zu zahlen seien, wenn die Toten von einer Stadt in die andere, ja selbst über Provinzgrenzen gebracht werden. Für die Bedeutung von Wiener Neustadt spricht auch, dass sich dort im 14. Jahrhundert eine Talmud-Hochschule befand, die von einem der bedeutendsten jüdischen Gelehrten des mittelalterlichen Österreichs, Rabbi Schalom ben Isaak, geleitet wurde. Zur Infrastruktur der Gemeinde gehörten neben Schule und Lehrhaus auch ein Spital sowie Räume für Festlichkeiten und Tanz, vermutlich ein Backhaus und freilich eine Fleischbank, um koscher schlachten zu können. Außerdem gab es auch ein Bad, wobei dieses nicht für rituelle Zwecke verwendet wurde. Eine Mikwa, also ein rituelles Tauchbad, befand sich direkt bei der Synagoge. Diese verfügte wiederum über einen Hof, der eine wichtige Rolle im Gemeindeleben einnahm. Hier wurden Hochzeiten gefeiert und Gerichtsprozesse abgehalten. Spuren der mittelalterlichen Synagoge haben sich in Wiener Neustadt nicht erhalten.

Ruth Contreras
Pitten

Ihre Eltern verließen bereits im März 1938 Wien und emigrierten über die Niederlande nach Kolumbien, das sie im Juni 1938 erreichten. Es war für beide evident, dass sie wegen ihres politischen Engagements nach der Machtübernahme der Nationalsozialisten mit ernsten Konsequenzen und Verfolgung zu rechnen haben würden. Seit Jahren waren Elfriede und Franz Lichtenberg in der sozialdemokratischen Partei aktiv. Da sie exponierte Vertreter in der sozialistischen Bewegung waren – in ihrer Wohnung in der Liechtensteinstraße in Wien fand die erste Zusammenkunft des Zentralkomitees der revolutionären Sozialisten statt –, verloren sie schon im Februar 1934 ihre Arbeitsplätze. Daher war für Elfriede Lichtenberg, geborene Weiss, primär die politische Verfolgung durch die Nazis der Grund für die Emigration und nicht, obwohl sie sich ihrer jüdischen Wurzeln bewusst war, die rassische Verfolgung. Elfriede Lichtenbergs Familie entsprach der klassischen Mischung der Österreichisch-Ungarischen Monarchie. Die einzelnen Mitglieder kamen aus dem heutigen Ungarn, der Slowakei und Mähren, und sie hatten sich im Zuge des Baus der Westbahn im Bezirk St. Pölten angesiedelt. Noch immer findet man am jüdischen Friedhof in Neulengbach Gräber von Familienangehörigen. Fritz Weiss, der Vater von Elfriede Lichtenberg, war es – von Beruf Bankbeamter, privat ein ausgezeichneter Schachspieler, der auch bei Turnieren spielte –, der schon im Jahr 1910 die Liegenschaft in Pitten von einem verschuldeten Bauern erwarb, eigentlich als Refugium für die Sommerfrische. Das Haus wurde 1938 arisiert und diente als Sitz der Gauleitung und Hitlerjugend.

Ruth Contreras kam am 24. Juni 1942 in der kolumbianischen Hauptstadt Bogotá zur Welt. Ihr Vater arbeitete während der Emigration zuerst als Grafiker, ein Beruf, den er schon in Wien beim Vorwärts Verlag ausgeübt hatte. Später wandte er sich immer mehr der Malerei zu. Ihre Mutter, die in Wien als Sozialarbeiterin gearbeitet hatte, widmete sich dem Schreiben von Lyrik. Nebenbei waren ihre Eltern in der »Asociación de Austriacos Libres« tätig. Es stand für sie immer außer Zweifel, dass sie eines Tages nach Österreich zurückkehren würden. Sie hatten auch ihre österreichischen Pässe behalten und waren damit in Kolumbien eingereist. Im März 1948 war es soweit: Die Familie kam zurück nach Österreich. Ruths Vater kehrte wieder in seinen Beruf zurück, arbeitete unter anderem bei der Firma Beissner & Co. Die letzten Jahre bis zu seiner Pensionierung war er als Berufsschullehrer tätig, in den Fächern Chemigraphie (einem Druckverfahren) und Staatsbürgerkunde. Im Fach Staatsbürgerkunde war es ihm ein überaus wichtiges Anliegen, die Geschichte und Politik Österreichs vor, während und nach dem Zweiten Weltkrieg zu vermitteln. Ein Anliegen, das sehr selten auf heimischen Lehrplänen zu finden war. So organisierte er regelmäßig Exkursionen für Schüler ins Konzentrationslager Mauthausen.

Das Haus in Pitten wurde im Sommer 1948 restituiert.

Ruth Contreras besuchte die Schule in Wien, studierte an der Universität Wien Lehramt Naturgeschichte und Geografie und promovierte zum Dr. phil. in Zoologie und Botanik. Sie arbeitete bis zu ihrer Pensionierung im Jahr 2003 am Naturhistorischen Museum, zuerst als Samm-

lungsleiterin, dann als Direktorin der Abteilung Ento-
mologie.

Ihren Mann José Contreras lernte sie 1975 in Wien kennen. Der gebürtige Chilene war 1975 aufgrund seiner politischen Tätigkeiten »zwangsexiliert« worden und kam
deswegen nach Wien. Sie heirateten 1980 und sind Eltern
einer Tochter und Großeltern einer Enkelin.

Ruth Contreras hat das politische Bewusstsein ihrer
Eltern übernommen und war immer in den verschiedensten Vereinen, Initiativen politisch aktiv, wenn es darum
ging, minderheitenfeindliche, rassistische und antisemitische Tendenzen zu bekämpfen oder Flüchtlinge, die
nach Österreich kamen, zu unterstützen. Sich mit ihrer
jüdischen Identität zu beschäftigen, das gelang ihr erst
mit ihrer Pensionierung. Ihre Eltern waren beide schon in
den 1920er-Jahren aus ihren jeweiligen Religionsgemein-
schaften ausgetreten, und sie wurde absolut konfessions-
los erzogen. Aber immer mehr rückte für sie die Auseinandersetzung mit der Geschichte ihrer jüdischen Familie
in den Mittelpunkt, gepaart mit der Frage: »Wohin gehöre
ich?« Eine Frage, die für sie oft nicht zu beantworten war.
Natürlich hat ihr ihre Mutter von Vorfahren und Schicksa-
le einzelner Familienmitglieder erzählt, jedoch stand
dabei immer das politische Engagement im Vordergrund.

Erst 2001 konnte die Judaistin und Rabbinerin Eveline Goodmann-Thau sie dazu überreden, einen Gottesdienst in der progressiven Synagoge von Or Chadasch zu
besuchen.

Im Jahr 2002 trat sie dann der IKG Wien bei und begann
2003 ein Studium der Judaistik. Sie nahm nun aktiver am
Leben der jüdischen Gemeinde teil, unter anderem singt
sie im Jüdischen Chor.

Nachdem sie nun viel Zeit in ihrem Haus in Pitten verbringt, ärgert es sie, wenn der ortsansässige Museums- und Bildungsverein eine Broschüre zur Geschichte der Marktgemeinde herausgibt und mit keinem Wort die jüdischen Mitbürger oder Unternehmen mit jüdischen Besitzern erwähnt werden. Von den Arisierungen und Vertreibungen ganz zu schweigen. Für die Jahre 1938/39 ist hier nur eine schlimme Maikäferplage verzeichnet, die die Gemeinde heimgesucht hat.

Auf diesen ungemein nachlässigen Umgang mit der Geschichte kann Ruth Contreras nur ironisch erwidern: »Ja, diese Maikäferplage hat bis 1945 gedauert!«

Schwere Vorwürfe:
Vergiftete Brunnen und Hostienschändung

Die Pestepidemie von 1347, die fast ganz Europa erfasst hatte, löste eine schwere Verfolgungswelle aus, da die Juden als Sündenböcke für die Krankheit galten und bezichtigt wurden, die Brunnen vergiftet zu haben. Wie bei vorangegangenen Verfolgungen, standen auch ökonomische Gründe dahinter.

Auf Niederösterreich konnte das Übergreifen der Verfolgung fast verhindert werden. 1349 waren als einzige Orte Krems und Stein an der Donau davon betroffen, doch wurden die Täter hier sofort streng bestraft und somit eine weitere Ausbreitung gestoppt.

Während es in Wien 1406 erneut zu Übergriffen kam, blieb die Lage in Niederösterreich vorläufig ruhig. Doch die Auswirkungen der »Wiener Gesera« von 1420/21, die durch den ansteigenden Antisemitismus verbunden mit den wirtschaftlichen Motiven Nährboden fanden, erfassten auch Niederösterreich. Die eigentlich als Schutzherren fungierenden Landesherren unterstützten diesmal Vertreibungen. Die Ereignisse sind nach der wichtigsten Quelle dazu benannt, wobei Gesera eigentlich »Urteil« beziehungsweise »Regel« bedeutet. Im ausgehenden Mittelalter wird das Wort aber immer häufiger zum Synonym für gegen Juden erlassene Gesetze und schließlich für Pogrome selbst. Auslöser war die angebliche Kollaboration der Juden mit den böhmischen Hussiten, die seit Ende 1425 brandschatzend auch in Niederösterreich einfielen und das Land verheerten. Andere Begründungen, wie Hostienfrevel, wurden erst herangezogen, als die Schrecken bereits voll in Gang waren. Ärmere Wiener Juden, die die Zwangstaufe verweigert hatten, ließ man auf Booten ohne Ruder die Donau hinab bis über die Grenze nach Pressburg treiben. Es kam vor allem in Wien zu Massenmorden, aber auch die Gemeinden auf dem Land waren betroffen. In Niederösterreich waren dies unter anderem Krems, Klosterneuburg, Herzogenburg, Langenlois, Ybbs, Laa an der Thaya, Vitis (Bezirk Waidhofen an der Thaya), Marchegg, Zistersdorf, Hainburg, Tulln, Perchtoldsdorf und Mödling. Nur die Gemeinden im Gebiet der Grafschaft Pitten, die eine Sonderstellung zwischen Österreich und Steiermark einnahm, blieben von der »Wiener Gesera« verschont. Ja, in Wiener Neustadt konnte sich sogar jüdische Gelehrsamkeit von europäischem Rang in der Mitte des 15. Jahrhunderts entfalten, als Rabbi Israel bar Petachja, auch als Isserlein bekannt, die dortige Jeschiwa – die Talmud-Hochschule – leitete und Studenten aus ganz Mitteleuropa anzog. Besonders seine Rechtsgutachten, die in einer zweiteiligen Sammlung erhalten sind, trugen zu seinem hervorragenden Ruf als Gelehrter bei.

Attraktiv war Wiener Neustadt in dieser Zeit auch für die jüdischen Händler, besonders da Kaiser Friedrich III. zwischen 1440 und 1493 in Wiener Neustadt residierte, was den dortigen Handel stark belebte. Zudem galt Friedrich III. aufgrund seiner relativ toleranten Haltung den Juden gegenüber als »Rex Judaorum« – eine Bezeichnung, die im zeitgenössischen Kontext jedoch abwertend gemeint war.

Als Folge der »Wiener Gesera« wuchs vor allem die Wiener Neustädter Gemeinde durch den Zustrom von Flüchtlingen merklich an. Die Zahl der Gemeindemitglieder betrug gegen Ende des 15. Jahrhunderts mehr als dreihundert Personen. Allerdings wurde nun auch das Pittener Gebiet von einer, wenn auch unblutigen, Vertreibungswelle heimgesucht. Doch bedeuteten die Jahre 1496/97 das Aus für die Gemeinden von Wiener Neustadt und Neunkirchen – eine letzte Frist für den Verkauf der Häuser wurde bis in den Frühling 1498 gewährt.

Neben den Vorwürfen von Ritualmorden und Hostienschändung wurden auch Anklagen wegen Betruges erhoben, was die Verarmung der steiermärkischen Stände nach sich gezogen haben soll. Also ganz ungeschminkt wirtschaftliche Gründe. Der Opportunismus, mit dem der Kaiser hier vorging, hatte immerhin – im Gegensatz zur Wiener Gesera – den Vorteil, dass es nicht zu derartigen Gewalttaten kam; wollte der Kaiser ja, dass Juden weiterhin in seinem Herrschaftsgebiet verblieben, um Zugriff auf ihre Wirtschaftskraft zu haben. Um ihnen die wirtschaftliche Grundlage dafür nicht vollends zu entziehen, legte der Kaiser auch Wert darauf, dass Immobilien nicht enteignet, sondern von ihren Besitzern veräußert werden konnten.

Die Vertriebenen wurden zumindest mit einem Schätzpreis, der wohl stark unter Wert lag, abgefertigt.

Einer der Orte, der ihnen auf Geheiß Kaiser Maximilians I. als neuer Wohnort dienen sollte, lag wieder auf niederösterreichischem Boden: Marchegg.

Damit zeichnet sich schon eine der frühneuzeitlichen Lebensarten der jüdischen Bevölkerung Niederösterreichs in kleinen Gemeinden und kleineren Orten ab – die Zeit der sogenannten »Landjuden« war angebrochen. Jedoch dauerte es lange, bis sich wieder ein richtiges Gemeindeleben entfalten konnte.

Die »Landjudengemeinden«

Mitverantwortlich für die Entstehung der Landgemeinden war die Tatsache, dass Adelige um 1620 Juden in ihren Besitzungen aufnahmen und sich nicht wie davor für deren Vertreibung stark machten. Trotzdem waren die Juden während der gesamten Zeit des Bestehens der »Landjudengemeinden« bis 1669/71 immer von neuerlicher Ausweisung bedroht. Hinzu kamen noch die Kampfhandlungen im Zuge des Dreißigjährigen Krieges, durch die Niederösterreich, besonders durch den Vormarsch der Schweden unter dem Feldherrn Lennart Torstensson, 1645 nördlich der Donau heimgesucht wurde.

Die veränderten Lebensumstände auf dem Land brachten mit sich, dass traditionelle Erwerbszweige wie Pfandleihe und Kreditgeschäfte an Bedeutung verloren. Landwirtschaftliche Betätigung war aufgrund des Verbots, Ackerboden zu besitzen, kaum möglich, und bei den Handwerkern waren nur die Fleischhauer aufgrund der Speisegesetzte von den Berufsverboten ausgenommen. Neben den innerhalb der jeweiligen jüdischen Kommune ausgeübten Betätigungen blieb so als Erwerbsquelle hauptsächlich der Handel übrig. Dabei ging das Spektrum vom Hausierer bis zur großangelegten Vermarktung der Produkte der jeweiligen adeligen Grundherrschaften, auf deren Gebiet man ansässig war. Von der Bedeutung des Handels zeugt auch die Lage der meisten Ansiedlungen, die sich an Handelswegen, etwa nach Böhmen, Mähren und Ungarn, entwickelten. Gehandelt wurde mit Tuch, Vieh beziehungsweise mit tierischen Produkten wie Wolle, Talg, Fell und Fleisch. Gerade letztere Waren riefen den Widerstand der christlichen Fleischhauer-Zünfte hervor, die befürchteten, dass ihnen hieraus Konkurrenz erwüchse. Große Kontinuität über die Jahrhunderte besaß der Weinhandel. Auch der Handel mit Luxusgütern, von Gewürzen wie Safran, der damals in einigen Teilen Niederösterreichs angebaut wurde, oder Pfeffer, bis hin zu Schmuckperlen und Tabak, fiel unter die Erwerbszweige, die ausgeübt wurden.

Auch lassen sich Tätigkeiten rund um die Münzproduktion nachweisen, etwa der Handel mit Bruchsilber. Jüdische Händler waren an den Mautstellen aber nicht gleichgestellt. Sofern sie nicht privilegiert (hofbefreit) waren und somit christlichen Händlern gleich, mussten sie höhere Mautgebühren zahlen.

Teilweise waren aber Juden selbst Pächter der zu den Grundherrschaften gehörigen Mautstellen und hoben dort Zölle ein, wie etwa in der Liechtensteinischen Herrschaft Wilfersdorf. Nachdem sich keine andere Alternative bot, wurde an Feiertagen sogar im dortigen Mauthaus durch den Mautpächter und seine Angestellten ein Minjan gebildet. Ein Minjan (hebr. für zählen, nummerieren) bedeutet die vorgeschriebene Anzahl von zehn religiös Mündigen, die notwendig sind, um einen Gottesdienst abzuhalten; in früheren Jahrhunderten und in der Orthodoxie sind dies nur Männer.

Hinzu kamen auf der bedeutenden Handelsstraße, der heutigen Brünner Straße, auch durchreisende Juden aus Nikolsburg (Mikulov). Das direkt an der Grenze zwischen Mähren und dem Viertel unter dem Manhartsberg gelegene Nikolsburg mit seiner großen und bedeutenden jüdischen Gemeinde besaß auf die grenznahen Gebiete besonders große Ausstrahlung. Nicht nur die Fürsten Liechtenstein vertrauten auf jüdische Mautner, auch in der Umgebung ihres Sitzes in Wilfersdorf fanden sich bei den Herrschaften vermehrt jüdische Mautpächter, so zum Beispiel in Neudorf bei Staatz, Großkrut oder auch Dürnkrut.

Beliebt war bei den Herrschaften die Verpachtung der Mautstellen an Juden auch deswegen, weil sie von ihnen höhere Pachtsummen verlangen konnten.

Neben Marchegg werden bereits zu Beginn des 16. Jahrhunderts auch Zistersdorf und Eggenburg, wo schon in der zweiten Hälfte des 14. Jahrhunderts eine Gemeindestruktur existiert hatte, als Orte genannt, in denen sich Opfer der Vertreibung zumindest zeitweilig niederließen. In Eggenburg hatten sich kurzfristig seit 1516 die Juden aus Laibach (Ljubljana), die gemeinsam mit den steirischen ausgewiesen wurden, angesiedelt. Jedoch wurden sie auch von dort wieder vertrieben. Um 1540 trat als nächster Ort Wolkersdorf hinzu.

All diese Orte standen in verschiedenen Formen unter landesfürstlicher Hoheit; so auch Wolkersdorf, das etwa dem Wiener Hofspital angegliedert war. Wie klein die jüdische Bevölkerung in Niederösterreich zu Beginn der zweiten Hälfte des 16. Jahrhunderts war, zeigt eine – wenn auch vermutlich unvollständige – Aufstellung von 1560. Darin finden sich lediglich fünf jüdische Familien, die im östlichen Weinviertel verteilt auf die Orte Marchegg, Zistersdorf und Wolkersdorf lebten. In Zusammenhang mit diesen Orten stehen auch einige der wenigen namentlich bekannten Juden, die sich zumindest zeitweise in Wien aufhielten, wo erst wieder ab etwa 1570 eine Gemeinde im Entstehen begriffen war: So lebte hier der bekannte Arzt Elieser bzw. Lazarus Günzburg, der aus dem schwäbischen Günzburg stammte und um 1545 sogar einige Zeit am Innsbrucker Hof gewirkt hatte, bevor er nach Wien kam. Vermutlich weil er keine Niederlassungserlaubnis bekam, ging er ins nahe gelegene Wolkersdorf. Etwas später taucht Moses Kaufmann aus Zistersdorf auf, der durch seine Tätigkeit als Händler des Öfteren nach Wien kam. Für diese drei Orte kann auch aufgrund eines Steueranschlags des Jahres 1567 die einzige Schätzung über die Größe der gesamten jüdischen Bevölkerung Niederösterreichs – damals gleichbedeutend mit dem östlichen Weinviertel – gemacht werden, die zwischen 110 und 180 Personen schwankt. Erst gegen Ende des Jahrhunderts kam es langsam zu einem Anwachsen der jüdischen Bevölkerung. Zu diesen Orten traten 1575 Litschau, 1586 Groß-Schweinbarth, um 1590 Achau, um 1600 Hohenau, um 1610 Gobelsburg, 1614 Ebenfurth, vor 1617 Niederthal bei Waidhofen an der Thaya und 1619 Weitersfeld. Die ersten Jahre des Dreißigjährigen Krieges brachten einen weiteren Zuzug und damit die Entstehung einiger Gemeinden, vor allem entlang der Handelswege nach Böhmen, Mähren und Ungarn, mit sich, deren größte Ebenfurth wurde.

Dort wie auch in Waidhofen an der Thaya und Marchegg konnten sich die Ansiedlungen in der Folge kontinuierlich entwickeln. Sehr gut ist die Entwicklung der jüdischen Gemeinde von Langenlois in dieser Zeit untersucht. Dort war den jüdischen Familien samt ihrer Dienerschaft die Errichtung einer Infrastruktur mit Synagoge und auch die Anstellung eines, für die Produktion koscherer Lebensmittel notwendigen Schächters und eines Vorbeters für die Synagoge in einem Privileg gestattet worden. Außerdem durften sie, wie ihnen in dem kaiserlichen Privileg bescheinigt wurde, frei ihren Geschäften nachgehen.

In Groß-Schweinbarth war in dieser Zeit die erste

größere jüdische Ansiedlung auf nicht landesfürstlichem Territorium entstanden.

Das Fortbestehen jüdischer Gemeinden war, wie erwähnt, in der ganzen Zeit der »Landjudengemeinden« nicht gesichert. Es gab mehrere Ausweisungsbefehle, die jedoch nicht oder nur teilweise vollstreckt wurden. Wie aber das Beispiel von Wolkersdorf zeigt, wo allerdings nur wenige Familien gewohnt hatten, brachte ein derartiger Ausweisungsbefehl im Jahr 1572/73 das Ende der Ansiedlung mit sich, noch bevor sich die jüdische Bevölkerung Niederösterreichs Ende des 16., Anfang des 17. Jahrhunderts einigermaßen konsolidieren konnte.

Ein Grund, weshalb solche Ausweisungen nicht immer vollstreckt wurden, waren die wirtschaftlichen Interessen des landsässigen Adels, der an der Vermarktung der auf den einzelnen Herrschaften erzeugten Güter interessiert war oder sich, wie im Fall des Adelsgeschlechts der Traun in Bockfließ, besonders in der Zeit des Dreißigjährigen Krieges Kredite erhoffte. So handelte es sich bei den dort 1636 Aufgenommenen um Flüchtlinge des Dreißigjährigen Krieges aus Süddeutschland. Auch im bereits erwähnten Weitersfeld waren es unter anderem die Folgen dieses Krieges, die zur Entwicklung einer jüdischen Ansiedlung beitrugen, standen doch sehr viele Häuser leer. So war das Interesse an Zuzüglern groß, vor allem wenn diese auch noch die Wirtschaft ankurbelten. Und so stand auch hier die Vermarktung von landwirtschaftlichen Produkten – in diesem Fall vor allem von Wolle und Schafen – im Mittelpunkt der Erwerbstätigkeit.

Eine gewisse Ähnlichkeit mit dem zuvor genannten Groß-Schweinbarth bestand aber auch darin, dass die jüdischen Häuser im Ort verstreut waren und – trotz des für Juden geltenden Verbotes – Landwirtschaft betrieben wurde.

In späterer Folge konnte 1652 ein Ausweisungsbefehl auch durch die Zahlung einer Sondersteuer abgewendet werden. Daran erkennt man bereits, dass die angedrohten Ausweisungen kaum verdeckte Erpressungen waren.

Ambivalente Verhältnisse

In diese Zeit fällt auch die Zwangsübersiedlung der Wiener Juden in das Ghetto (1624/25). Jedoch wurden mitunter auch Privilegien erlassen, die die rechtliche Stellung der jüdischen Gemeinde stärkten. Die Ambivalenz der Situation dieser Tage zeigt sich auch an anderen Beispielen.

Bereits im 16. Jahrhundert war das diskriminierende Tragen des sogenannten »gelben Flecks«, eines gelben Stoffrings, in den Ortschaften zur Pflicht erklärt worden. Dass die Träger des »gelben Flecks« Gefahr liefen, Opfer von Übergriffen zu werden, war dabei bewusst in Kauf genommen worden; immerhin war es gestattet, ihn während der Reisen über Land abzulegen. Durchsetzen konnte sich diese Kennzeichnungspflicht jedoch nie vollständig. Sie wurde im Lauf der Zeit auch durch verschiedene Erlässe aufgelockert. Auch wenn die Zeit von gesetzlichen Diskriminierungen bestimmt war, geben diese noch kein vollständiges Bild des damaligen Zusammenlebens wieder. Die sozialen Kontakte auf dem Land bestanden schon allein aufgrund der beengten Wohnverhältnisse; man musste sich arrangieren, wenn man Tür an Tür wohnte, und traf sich allerorten auf der Straße, aber auch im Wirtshaus, trank miteinander, und die Kinder wuchsen gemeinsam auf. Besonders auf dem Land war das Zusammenleben viel enger und dadurch auch die sozialen Kontakte. Man war schon zwangsläufig miteinander vertraut. Leider sind nur wenige Beispiele überliefert, wie etwa aus Groß-Schweinbarth. Dort beobachtete eine Jüdin, wie ihr christlicher Nachbar seine Frau im Hof verprügelte, und sie zögerte nicht, dieser Hilfe zu leisten.

Viel ist freilich über Beschwerden überliefert, etwa geschäftlicher Natur. Vor allem bei den Fleischhauern, die oft danach trachteten, die jüdische Konkurrenz auszuschalten, gab es Klagen. Doch gab es selbst hier Fälle des Zusammenwirkens, die jedoch – da nicht rechtlich relevant – selten Eingang in die Quellen gefunden haben: So zum Beispiel der Kontakt zwischen einem Fleischhauer und einem Juden aus Waidhofen an der Thaya, die bei der Vermarktung von Rindertalg zusammenarbeiteten.

In einem Privileg von 1656 wurde den »Landjuden« ausdrücklich zugestanden, ein freies Gemeindeleben zu entfalten, was auch das Schächten, die Einrichtung von Schulen, die Produktion von koscherem Wein und ähnlichen, für das religiöse Leben unerlässlichen Dingen umfasste. Darin wurde auch die organisatorische Unterstellung der Landgemeinden unter das Wiener Rabbinat festgehalten. Zumindest die Ansiedlungen mit mehr als zehn Familien entwickelten eine gewisse Infrastruktur, verfügten also über Synagoge und Friedhof, während sich Rabbiner nur für Groß-Schweinbarth, Ebenfurth, Langelois und Tribuswinkel sicher nachweisen lassen. Bei diesen handelte es sich wohl nicht um richtiggehend ausgebildete Rabbiner, sondern eher um mit den religiösen Vorschriften halbwegs vertraute Personen. In diese Zeit fällt auch die Anlage von Friedhöfen, die im Gegensatz zum Mittelalter nun wirklich bei den einzelnen Orten lagen. Die Erlaubnis, die Verstorbenen zu überführen, die im Mittelalter gegolten hatte, gab es nicht. Die Bestattung auf gemischten Friedhöfen wäre in der Zeit vor Joseph II., schon allein aufgrund der Lage der christlichen Friedhöfe rund um die Kirchen, unmöglich gewesen. Jüdische Bestattungen auf christlichen Friedhöfen bargen natürlich Konfliktpotential. Kam es doch noch im ausgehenden 19. Jahrhundert deswegen zu Auseinandersetzungen, auch wenn sie wegen drohender Seuchengefahr behördlich angeordnet waren. Funde von Grabsteinen aus dieser Zeit sind Zeugnisse für diese abgekommenen Friedhöfe, wie etwa in Grafenwörth. Auch wenn die Grabsteine in einigen der Fälle heute wieder verlorengegangen sind, wie zum Beispiel in Michelstetten, so wird doch für die Zeit der »Landjudengemeinden« im 17. Jahrhundert die Existenz von Friedhöfen für mehr als 65 Orte, also eine recht stattliche Anzahl, angenommen.

Im Gegensatz zur in Ansätzen in den 1570er-Jahren wiederentstandenen Wiener Gemeinde, die ab 1624 in ein nunmehr wirklich als Ghetto anzusehendes ummauertes Gebiet zwischen Tandelmarktgasse, Großer Sperlgasse, Taborstraße und Kleiner Pfarrgasse ziehen musste, blieb in den kleinen ländlichen Ansiedlungen in den allermeisten Fällen – wie auch schon im Mittelalter – eine gemischte Siedlungsstruktur bestehen. Ansätze für ein Ghetto gab es nur in der Ebenfurther »Judengasse«, die räumlich vom Rest des Ortes getrennt war, am ehesten aber in Bockfließ, wo die Struktur der damaligen Siedlung heute noch baulich zu erkennen ist. Die dortige sogenannte »Judenstadt«, der heute etwas anachronistisch als »Altstadt« bezeichnete Straßenzug im Süd-

Die Synagoge in Bockfließ (um 1920)

westen der Marktgemeinde, besaß zwei Tore, die über Nacht verschlossen gewesen sein sollen. Die Frontseiten der 16 Häuser waren einem Platz zugewandt und auf der Rückseite abgemauert. Auf dem Platz befanden sich Synagoge und Brunnen, während der Friedhof vermutlich am Rand des Hochleithenwaldes im Nordwesten des Ortes lag; darauf deutet zumindest ein Flurname hin.

Schätzungen über die jüdische Bevölkerung der zweiten Hälfte des 17. Jahrhunderts in Niederösterreich belaufen sich auf 1750 bis 2400 Menschen.

Stereotype und Klischees

Das Ende der Landgemeinden kam in Folge der Ausweisung der Wiener Juden ab dem Jahr 1669. Der Kaiser, der nach wie vor beanspruchte, oberster Schutzherr der Juden zu sein, hatte dabei das letzte Wort. Es gab vorgeschobene Gründe für die Ausweisung. So wurden etwa eine Fehlgeburt der Gattin Leopolds I., Margarita Teresa, die prinzipiell antisemitisch eingestellt war, und auch der Brand der Hofburg ein Jahr davor, den Juden angelastet. Hinzu traten andere altbekannte Stereotype, wie das des Wucherers. Dieses Klischees, des sich an den

Zinsen von Geldleihen bereichernden Juden, bediente man sich seit dem Mittelalter. Dass diesem Stereotyp ein so langes Nachleben beschert war, geht darauf zurück, dass sich gerade zu solchen Geschäften Urkunden erhalten haben.

In Analogie zum früheren Vorwurf der Kooperation mit den Hussiten kam nun der, mit dem Osmanischen Reich zu paktieren, ferner jener, durch ihre Mobilität zur Verbreitung der Pest beizutragen. In den Hintergrund waren einige der mittelalterlichen Vorwürfe wie die Hostienschändung, der Ritualmord und die Verursachung der Pest durch Vergiften der Brunnen getreten.

Für Niederösterreich kam das endgültige Aus 1671, spätestens zu Ostern sollten alle Juden das Land verlassen haben.

Einige wenige ließen sich taufen, um der Vertreibung zu entgehen, so etwa eine Familie aus Bockfließ. Der dortige Herrschaftsinhaber Graf Ferdinand Ernst und seine Gattin Maria Juliane Abensperg-Traun fungierten als Taufpaten. Nach den Vornamen der Traun erhielten auch die Eltern und zwei der Kinder ihre Namen. Die Taufe fand Mitte Mai statt, also erst nach dem Ausweisungstermin.

Das 18. Jahrhundert

Danach finden sich Spuren des jüdischen Lebens in Niederösterreich erst wieder zu Beginn des 18. Jahrhunderts. Jedoch sollte dies nur eine kurze Episode bleiben. Damals waren jüdische Flüchtlinge vor den Kuruzzen, ungarischen Aufständischen gegen die Habsburger, aus Westungarn mit kaiserlicher Genehmigung nach Wiener Neustadt geflohen.

Auch in einigen anderen Orten der Umgebung, wie in Tribuswinkel, Trumau und Oberwaltersdorf, hatten sich jüdische Flüchtlinge kurzfristig niedergelassen. In Wiener Neustadt kam es zu Hetzpredigten, Ausschreitungen und schließlich auch zu körperlichen Angriffen gegen sie. Es wurden Pläne geschmiedet, die jüdischen Häuser zu stürmen, was nur mit Mühe durch die Stadtwache verhindert werden konnte. In nur 28 Häusern lebten über 530 Flüchtlinge unter schlimmsten Bedingungen. Bereits 1709 und endgültig 1713 wurde in Zusammenhang mit einer Pestepidemie die Ausweisung erlassen. Bis 1719 war den Juden in Wiener Neustadt der Aufenthalt tagsüber gestattet, um den jeweiligen Geschäften nachzugehen. Ab diesem Jahr war nur noch der Verbleib über Nacht verboten, weshalb alle, die in Wiener Neustadt Erledigungen zu machen hatten, zum Nächtigen die Grenze nach Ungarn beziehungsweise ins damals dazugehörige Burgenland überqueren mussten.

Wie in Wiener Neustadt war die Flucht vor den Kuruzzen wohl ebenso Hintergrund dafür, dass auch in einigen wenigen anderen niederösterreichischen Herrschaften vereinzelt Juden auftauchten, jedoch ohne Genehmigung. Per Dekret Kaiser Josephs I. wurde aber bereits 1708 bestimmt, diese auszuforschen und des Landes zu verweisen. Ansonsten beschränkte sich die jüdische Präsenz während des Großteils des 18. Jahrhunderts lediglich auf Händler und Hausierer, die zu den Märkten im Land kamen. Zwar wurde das Gebot, sich nur während der Markttage in Niederösterreich (wie in Tulln oder St. Pölten) aufzuhalten, mitunter umgangen, wirklich langfristig niederlassen konnte sich jedoch niemand.

Für Wien und theoretisch auch für Niederösterreich

brachte erst der Erlass des Josephinischen Toleranz-patentes von 1782 eine Änderung; darunter die offizielle Aufhebung diskriminierender Bestimmungen, wie das Tragen von Erkennungsmerkmalen an der Kleidung. Auch durfte am Sonntagvormittag, während der katholi-schen Gottesdienste, das Haus wieder verlassen und Hausbedienstete eingestellt werden. Ferner wurde der Universitätsbesuch gestattet und jüdischen Honoratio-ren das Tragen von Degen als Würdezeichen erlaubt. In ökonomischer Hinsicht besonders wichtig aber war, dass Gewerbe und Handel frei zugänglich wurden. Was hier sehr positiv klingt, hatte jedoch für Niederösterreich einen Schönheitsfehler: Die Ansiedlung blieb weiterhin verboten. Ausnahmen galten nur für Fabriksgründer.

Das Toleranzpatent Josephs II. und die Aufklärung, aus der eine besondere jüdische Ausformung, die Haskala, hervorging, führten zu einem neuen Selbstbewusstsein. So enthielt ein Memorandum der Wiener jüdischen Gemeinde von 1792 die Forderung, sich auf dem Land niederlassen zu dürfen. Ein erfolgloses Ansinnen, schon allein deshalb, weil es Kaiser Leopold II. nicht mehr erreichte – er verstarb kurz davor.

Georg Rado
Ebergassing

Noch bis zum heutigen Tag wird er unsicher, wenn er nach seinem Namen gefragt wird. Manchmal benötigt er einige Sekunden, bevor er antwortet. Und heute gibt es keinen mehr, der hinter ihm steht und ihn instruiert, welchen Namen er nun zu nennen hat. Dieses Hemmnis verfolgt ihn seit seinen frühen Kindertagen. In seiner Kindheit war er jahrelang gezwungen gewesen, seine Identität fast im Monatsrhythmus zu wechseln. Um der Verfolgung der Nationalsozialisten und ihrer Schergen in Ungarn zu entkommen, mussten er und seine Familie immer wieder in eine andere Identität schlüpfen und sich falsche Papiere besorgen. Mit der Zeit wurde es für ihn immer komplizierter, sich zu erinnern, wer er nun im Augenblick einer Kontrolle gerade war. Denn sowohl die Pfeilkreuzler als auch die deutschen Nazis in Budapest zögerten nicht lange, wenn sie den Eindruck hatten, dass irgendetwas mit den Ausweisen nicht in Ordnung war, oder die Angehaltenen bei der Kontrolle unsicher wurden, Menschen auf offener Straße zu liquidieren. Daher wurde ihm jeden Tag eingebläut, wenn sie ihr Versteck verließen, wen er an diesem Tag zu spielen hätte und wie er hieße. Noch auf der Straße drehte er sich immer wieder zu seinen Eltern und erkundigte sich zur Sicherheit noch einmal nach seinem aktuellen Namen. Diese permanente Stresssituation führte zu dem Zögern, das er bis heute nicht überwinden konnte. Außerdem bekommt er nach wie vor ungeheures Herzklopfen, wenn Sirenen ertönen, und er hat Angst, wenn sich ein Propellerflugzeug nähert und über ihn hinwegfliegt.

Georg Rado wurde am 25. Juni 1937 in Innsbruck geboren. Sein Vater Stefan Rado stammte aus Budapest, wo er im Jahr 1908 geboren wurde. Er kam mit seiner Familie nach dem Ersten Weltkrieg nach Wien und war gelernter Maschinenbauingenieur. Seine Mutter Hermine »Mimi« Weiniger stammte aus Wien, und ihre Familie hatte einen Fahrrad-, Nähmaschinen- und Motorradgroßhandel, mit einer Niederlassung in Innsbruck. Sie musste als einziges Kind der Familie eine Lehre als Fahrradmechanikerin absolvieren und war, wie sie immer wieder betonte, die erste Fahrradmechanikerin Österreichs. Die Eltern Georg Rados heirateten am 30. März 1933, eine Woche nach dem 21. Geburtstag seiner Mutter. Da ihr Vater Julius Weiniger gegen die Hochzeit war, mussten sie ihre Volljährigkeit abwarten. Etwas später versöhnte sich der Großvater mit Stefan Rado und übertrug ihm 1935 die Leitung der Filiale in Innsbruck. Nach dem Novemberpogrom 1938 kehrte die Familie nach Wien zurück. Als in Wien in den folgenden Monaten die Repressionen zunahmen, Unterdrückung und Verfolgung immer gnadenloser wurden und im September 1939 der Zweite Weltkrieg ausbrach, flüchteten die Rados nach Budapest zur Mutter von Georg Rados Vater, und versuchten das Grauen im Untergrund mit diversen falschen Papieren zu überleben. Wenn sich Georg Rado an diese Jahre – speziell an das letzte Kriegsjahr – erinnert und darüber erzählt, dann schwingen das Chaos, die Unsicherheit, die Ängste, aber auch ein starker Überlebenswille mit. Die Familie wurde zerrissen, da die Mutter Zwangsarbeit leisten musste und verpflichtet wurde, beim Bau des Südostwalls Schützengräben auszuheben. Als sie eines Tages schon am Ende ihrer Kräfte war, traf sie auf einen Bewacher, der ihr eine Zigarette anbot und selbst zu graben begann. Aus dieser Pause und einem der wenigen Zeichen von Menschlichkeit schöpfte sie wieder Kraft. Als in den nächsten Tagen die Meldung die Runde machte, dass sie weiter nach Osten marschieren müssten, fasste sie den Entschluss, gemeinsam mit einer zweiten Frau zu fliehen. Sie versteckten sich, warteten bis die Kolonne außer Sichtweite war und machten sich auf in Richtung Budapest. Doch bei Szombathely brach sie zusammen. Sie blieb zurück. Da zeigte sich innerhalb weniger Tage menschliches Mitgefühl. Sie wurde von einem Bauern aufgenommen und gepflegt.

Unterdessen kämpften Stefan Rado und sein Sohn Georg in Budapest um ihr Überleben. Seit März 1944, seit die Deutschen die Macht in Ungarn übernommen hatten, und täglich zehntausende Juden in die Konzentrationslager deportiert oder sofort in Budapest durch Massenerschießungen hingerichtet wurden, wechselten sie fast täglich ihr Versteck. Georg Rado ist ein Ereignis noch sehr gut im Gedächtnis. Als er und sein Vater einmal in einer Wohnung im zweiten Stock Unterschlupf fanden, wurde Budapest bombardiert. Da sie es nicht wagten, in einen Luftschutzraum zu gehen, kauerten sie sich in eine Ecke der Wohnung. Dann passierte es. Eine Bombe schlug in das Zinshaus ein. Als sich endlich der Staub gelegt hatte, konnten sie erst das Ausmaß der Katastrophe und das Ausmaß ihres Glücks erkennen. Das Haus existierte nicht mehr, vor den beiden lag ein Berg von Schutt und sie standen auf einem etwa zwei mal zwei Quadratmeter großen Rest, der wie durch ein Wunder nicht eingestürzt war. Sie mussten mit Leitern geborgen werden. Bis zum Ende des Krieges über- und erlebte Georg Rado noch Bombenangriffe in einem Frauenkloster und in einigen Luftschutzräumen von Budapest. Die endlosen Stunden in diesen Kellern nutzte Georg Rado, um weiter Ungarisch zu lernen, und er, der bis dahin nur ein paar Wochen in einer Volksschule in Budapest absolviert hatte, brachte sich selbst das Lesen bei. Immer wieder ringelte er einzelne Buchstaben, die er kannte, in Zeitungen ein und konnte so mit der Zeit, Wort für Wort für sich erschließen.

Das Ende des Krieges bedeutete für ihn noch nicht das Ende der Konfusion. Zuerst schien es sicher, dass seine Mutter tot war. Doch eines Tages kehrte sie nach Budapest zurück. Jedoch haben der Krieg und die Verfolgung dazu beigetragen, dass sich seine Eltern auseinandergelebt hatten. Nicht einmal die Freude darüber, dass sie alle überlebt hatten, konnte diesen Spalt wieder kitten. Georg Rado zog mit seiner Mutter in einen Vorort von Budapest. Doch nach einem halben Jahr kam sein Vater und nahm ihn wieder zu sich, da er vorhatte, wieder nach Wien zu gehen. Seine Mutter, die zu dieser Zeit mit einem Mann liiert war, blieb zurück. Da der Vater Ungarn nicht mehr legal verlassen konnte, brachte sie ein sowjetischer Soldat zur Grenze, und sie liefen unter Gewehrsalven nach Österreich.

Nach eineinhalb Jahren kam seine Mutter ebenfalls nach Wien, und die Familie fand wieder zusammen. Anfang 1950 bekam sein Vater ein Jobangebot in Deutschland, und daher übersiedelten sie in die Hansestadt Bremen. Im selben Jahr verbrachte Georg Rado die Monate von Februar bis August in Israel bei einem Onkel, in einem Kibbuz in der Nähe von Haifa. Er feierte auch seine Bar Mitzwa in Haifa.

Aus Israel zurück, kam er zu seinen Eltern nach Bremen und absolvierte eine Lehre zum Automechaniker. Im Jahr 1954 kamen sie wieder nach Wien.

Das Berufsleben von Georg Rado war sehr vielfältig. Er

arbeitete als Filmvorführer, ein Job, der dafür verantwortlich war, dass er seine Frau Renate kennenlernte. Neben dieser Arbeit besuchte er Buchhaltungs- und andere Fortbildungskurse. Nach dem Kino wechselte er in den Lebensmittelhandel und war unter anderem bei Hofer beschäftigt. Hofer war damals tatsächlich noch Hofer und hatte zu der Zeit drei Filialen. Georg Rado war einer der Filialleiter. Nachdem der Besitzer Thomas Hofer immer wieder über den Juden Jenö Eisenberger mit seinen LÖWA-Märkten schimpfte, wechselte Rado genau zu diesem. Bei LÖWA arbeitete er zwei Jahre. Die weiteren Stationen waren eine Mineralölfirma und danach verschlug es ihn in die Gebäudereinigung. Dort blieb er dann auch – mit seinem eigenen Unternehmen – bis er im Jahr 2011 in Pension ging.

Nach Ebergassing kam er vor mehr als 25 Jahren. Seine Frau und er haben einfach ein Haus im Grünen gesucht und eben ein sehr günstiges Angebot in dieser Stadt gefunden. Zur jüdischen Gemeinde in Wien hatte er über viele Jahre keinen Kontakt. Er war sogar einmal ausgetreten, als ihm die IKG wegen einiger nicht bezahlter Mitgliedsbeiträge den Exekutor schickte. Aber das ist Geschichte, er ist vor einigen Jahren wieder beigetreten. In den letzten Jahren hat er meist den Kontakt zur jüdischen Gemeinde in Baden gesucht. Und hier möchte er sich auch aktiv einbringen. Etwa mit Reisen zu jüdischen Gemeinden in angrenzenden Ländern. Im Oktober 2012 organisierte er eine Fahrt nach Bratislava, eine weitere nach Brünn ist in Planung. Für ihn ist es wichtig, dass sich wieder ein Kontakt zu, und ein Austausch mit jüdischen Gemeinden im ehemaligen Ostblock, die nach dem Zusammenbruch des Kommunismus langsam und mit viel Mühe wieder entstehen, etablieren und festigen kann.

Neues Selbstbewusstsein

Auch wenn es in den Jahren nach Erlass des Toleranz-
patentes Versuche gab, die neuerworbenen Rechte wieder
einzuschränken, zeigt sich, etwa an dem zuvor erwähnten
Ansuchen, ein neues Selbstwertgefühl.

Neben den Fabrikgründungen war laut dem Toleranzpatent auch die Ausübung eines »nützlichen Gewerbes«
eine Möglichkeit, Wohnerlaubnis in Niederösterreich zu
erlangen. Dies kam Isaak Schischa und Aron Gellis aus
dem burgenländischen Mattersdorf (ab 1924 Matters-
burg) zugute, die bereits 1780, also zwei Jahre vor diesem
Erlass, ein koscheres Lokal in Baden eröffneten.

Die jüdische Oberschicht Wiens schloss sich dem Trend
an, in Baden zur Sommerfrische zu verweilen. Nachdem
der Kurbetrieb aber saisonal war und deshalb das Lokal
im Winter nicht geöffnet hatte, durften sie in dieser Zeit
nicht in Baden wohnen und mussten über die Grenze nach
Ungarn respektive ins Burgenland ausweichen.

Eine ähnliche Regelung hatte es schon für einen Schächter gegeben, der bereits vor der Mitte des 18. Jahrhunderts die jüdischen Kurgäste nicht nur mit koscherem
Fleisch versorgte, sondern diese auch bekochte. Trotzdem
wurde immer noch auf der Einhaltung des Ansiedlungs-
verbotes beharrt. Endlich, im Jahr 1805, erhielt Isaak
Schischa schließlich die Erlaubnis, ganzjährig in Baden
wohnen zu dürfen.

Die in Mode gekommene Sommerfrische führte immer
mehr jüdische Familien aus Wien nach Baden, wo es
bereits im 17. Jahrhundert jüdische Badegäste gegeben
hatte und ab 1650 sogar eine eigenes »Judenbad« bestand.
Auch nach der Vertreibung von 1669/71 hatten Badegäste

aus der jüdischen Oberschicht eine gewisse Kontinuität. Zu Firmengründungen kam es aber nur in den seltensten Fällen, da kaum jemand über die notwendigen finanziellen Mittel verfügte, die unter der restriktiven Politik von Kaiser Franz II. (I.) dafür aufzubieten gewesen wären. So wurde 1804 nur in Himberg durch das Bankhaus Arnstein und Eskeles die Himberger Kottonmanufaktur gegründet, der 1813 Josef Heniksteins Kammgarnproduktion in Ebergassing und eine Papierfabrik in Wiener Neustadt folgten.

Erst in den Jahren nach 1820 wurden einige Fabriken gegründet, durch die man auch die Niederlassungsbewilligung in Niederösterreich erhielt: Vor allem im Wiener Umland, etwa in Guntramsdorf, Ebenfurth, Mödling oder Gramatneusiedl, aber auch in St. Pölten. Keiner der Unternehmer verlegte seinen Wohnsitz nach Niederösterreich.

Kleinhändler und Hausierer, für die Niederösterreich einen attraktiven Markt bot und die sich als sogenannte »Dorfgänger« im Land aufhielten, waren immer von der Ausweisung bedroht. Trotzdem scheinen sie für die Versorgung der Bevölkerung – vielleicht auch wegen der billigeren Preise – so wichtig gewesen zu sein, dass sie in Klosterneuburg sogar vor den Behörden versteckt worden sein sollen. Des Öfteren wurden in der ersten Hälfte des 19. Jahrhunderts von den Kreishauptmannschaften der niederösterreichischen Viertel Erlässe gegen jüdische Hausierer getätigt. So wird etwa 1810 in einem Cirkular der Kreishauptmannschaft des Viertels unter dem Manhartsberg in Korneuburg den Dominien zur besonderen Pflicht auferlegt, galizische Juden »die auf allen Märkten mit ihren Flitergoldwaaren umherziehen [...] einer ganz besonderen Aufsicht zu unterziehen«. Dass das Aufenthaltsverbot aber auf dem Land von den Gemeinden und Dominien nicht immer streng exekutiert wurde, zeigt bereits ein Cirkular des Jahres 1808, in dem dieser Umstand zum wiederholten Male beklagt wird und das nochmals mit dem Auftrag schließt, »streng darüber zu wachen, daß überhaupt keinem Juden der Aufenthalt auf dem flachen Land gestattet werde«.

1848 wurde in Klosterneuburg für einen jüdischen Hausierer eine Ausnahme gemacht. Er hatte Diebesgut, das aus dem Stift Klosterneuburg stammte, angekauft und dem Stift zurückgegeben. Dafür wurde ihm und seiner Familie, die er aus der Slowakei nachholte, das Recht eingeräumt, in Klosterneuburg zu wohnen. Für Gerasdorf bei Wien wird sogar 1831 in einer zeitgenössischen Ortsbeschreibung erwähnt, dass unter den Einwohnern des Ortes »sich aber zwey Judenfamilien befinden, die sich erst vor einigen Jahren hier ansiedelten«.

Ausgenommen von den restriktiven Ansiedlungsbestimmungen waren konvertierte Personen, von denen es einige bis zur Erhebung in den Adelsstand gebracht hatten und die seit dem späten 18. Jahrhundert auch Herrschaften in Niederösterreich zu erwerben begannen. Die erste war Neulengbach, die Karl Abraham Wetzlar von Plankenstern 1778 erwarb. 1777 war er zum Freiherrn geadelt worden, wobei Kaiser Joseph II. im Adelspatent ausdrücklich festhielt, dass die Erhebung in den Adelsstand nur für Plankenstern selbst und die Kinder galt, die ebenfalls konvertiert waren. Selbst seine Ehefrau, die sich nicht taufen ließ, blieb von der Adelserhebung ausgenommen.

Außer Neulengbach konnte der angeblich aus armen Verhältnissen stammende und erst durch erfolgreiche Bankgeschäfte zu Reichtum gekommene Plankenstern auch die Herrschaften Schönkirchen bei Gänserndorf und Gutenbrunn in der Nähe von Baden erwerben.

1837 fuhr der erste Zug der Kaiser-Ferdinands-Nordbahn auf dem ersten Teilstück zwischen Floridsdorf und Deutsch-Wagram. Financier dieses Projektes war niemand Geringerer als der in Wien ansässige jüdische Bankier Salomon Meyer Freiherr von Rothschild. Gerade an der im Entstehen begriffenen Trasse der Bahn entlang der March sollten sich in den folgenden Jahrzehnten jüdische Ansiedlungen in Deutsch-Wagram, Dürnkrut, vor allem aber in Hohenau bilden, wo sich ein blühendes Gemeindeleben entwickelte.

Trotz allem muss konstatiert werden, dass das jüdische Leben in Niederösterreich in der ersten Hälfte des 19. Jahrhunderts, wie schon in der Zeit davor, nur in kleinstem Rahmen vonstatten ging. Richtige jüdische Gemeinden konnten sich erst nach der Revolution von 1848 entwickeln, nachdem seit 1671 hier ein Vakuum geherrscht hatte.

Die Veränderungen, die die Revolution mit sich brachte, wirkten sich auch auf das jüdische Leben in Niederösterreich aus. Eine einheitliche Haltung der Revolution gegenüber gab es im österreichischen Judentum übrigens nicht. Während einer ihrer Proponenten, der Arzt Adolf Fischhof, in seiner Rede am 13. März 1848 im Hof des niederösterreichischen Landhauses in der Wiener Herrengasse nachdrücklich unter anderem die Pressefreiheit einforderte, finanzierte Salomon Mayer Freiherr von Rothschild die Flucht des österreichischen Staatskanzlers Klemens Wenzel Lothar von Metternich, der für die Revolutionäre das personifizierte Gegenbild ihrer Vorstellungen war.

Auch sonst war die Revolution sehr ambivalent aufgenommen worden. Während jüdische Intellektuelle mit zu ihren Trägern gehörten und sich endlich Gleichberechtigung erhofften, kam es im Gefolge der revolutionären Auseinandersetzungen in mehreren Städten auch zu antisemitischen Ausschreitungen.

Immerhin, auf gesetzlicher Ebene gab es neue Entwicklungen: Der Reichstag, der ab Juli 1848 in Wien tagte – aufgrund der dortigen Kämpfe aber nach Kremsier übersiedelte –, hob im Oktober des Jahres die diskriminierenden Judensteuern auf. Bürgerrechte ohne Rücksicht auf die religiöse Zugehörigkeit wurden aber erst in der Verfassung vom 4. März 1849 festgeschrieben.

Es blieb trotzdem noch ein gewisser rechtlicher Graubereich vorhanden, und eine wirkliche Gleichstellung, verbunden mit der offiziellen Anerkennung des Judentums als Religionsgemeinschaft, brachte erst das Staatsgrundgesetz von 1867. Im Gegensatz zu dem antisemitischen Echo, das sowohl die Josephinische Toleranzgesetzgebung als auch die Verfassung von 1849 hervorgerufen hatten, war der Erlass von 1867 nicht von solch negativen Erscheinungen begleitet.

In den Jahren direkt nach 1848 haben nach wie vor kaum Jüdinnen und Juden außerhalb von Wien gewohnt. Lediglich in Baden, Mödling oder Klosterneuburg gab es kleinere Gruppen. In Klosterneuburg bestand seit 1852 ein Bethausverein, und 16 jüdische Familien sollen im Ort gewohnt haben. In den Statistiken scheinen sie jedoch nicht auf. Schon um 1855 war die jüdische Bevölkerung bereits erheblich angestiegen; besonders im Weinviertel, wo es mit der Kaiser-Ferdinands-Nordbahn einen Bahnanschluss gab. Außerdem spielten an der Donau gelegene Orte, die auch eine Anbindung nach Wien gewährleisteten, und ganz allgemein die Nähe zu Wien eine Rolle. Analog gab es dies aber auch an anderen wichtigen Handelsstraßen, so im Fall von Hollabrunn, wo der Handel nach Böhmen für die ersten Familien, die sich seit 1848 angesiedelt hatten, ausschlaggebend war. Im Weinviertel lebten 1855 in den Bezirken Groß-Enzersdorf, Kirchberg am Wagram, Korneuburg, (Ober-)Hollabrunn, Stockerau und Wolkersdorf jeweils über dreißig jüdische Familien. Im Waldviertel erreichte nur der Bezirk Krems diese Zahl, und im Mostviertel wohnten im Bezirk St. Pölten genau dreißig Familien. Im Industrieviertel, in dem nach dem Weinviertel die zweitgrößte Anzahl jüdischer Familien wohnte, konzentrierte sich das Gemeindeleben vor allem in heute zu Wien eingemeindeten Bezirken. In den folgenden Jahren und Jahrzehnten, bis zur endgültigen Entstehung der schließlich 15 niederösterreichischen Kultusgemeinden, kam es aber noch zu einigen demografischen Veränderungen.

Für die Entstehung wirklich organisierter Kultusgemeinden in Niederösterreich war besonders das Jahr 1860 entscheidend. Damals wurde unter anderem in Niederösterreich endlich auch der unbeschränkte Zugang zu Grundbesitz freigestellt.

Rechtlich gesehen waren diese frühen Gemeinden zunächst eigentlich Vereine, deren Statuten ab den 1860er-Jahren behördlich bewilligt wurden.

Von einer einheitlichen Organisation waren die Gemeinden jedoch noch weit entfernt. Es gab aber bereits einige jüdische Schulen. In den Jahrzehnten bis zum Ersten Weltkrieg wuchs deren Zahl schließlich auf 15 an, die bis 1938 das religiöse und organisatorische Rückgrat des niederösterreichischen Judentums bilden sollten.

Julius Neumark
Groß-Enzersdorf

Das Krachen der Revolversalven und die verzweifelten Schreie kamen von Minute zu Minute näher. Die Nazi-Schergen durchsuchten jedes Haus, jede Wohnung im Ghetto von Kaunas. Die deutschen Besatzer führten gemeinsam mit litauischen Kollaborateuren im November 1941 eine »Kinderaktion« durch. Was bedeutete, dass Kinder unter zwölf Jahren, sogenannte »unnütze Esser«, aufgespürt und entweder sofort erschossen, oder verschleppt und danach umgebracht wurden. Nicht weniger als 4273 Kinder wurden bei dieser Aktion brutal ermordet. Julius Neumarks Mutter hörte die Horden kommen und reagierte geistesgegenwärtig. Sie packte ihren damals gerade etwas mehr als ein Jahr alten Sohn, öffnete die Toilettentür, legte das Kleinkind in die Klomuschel, setzte sich darauf und wartete. Ihr blieb die einzige Hoffnung, dass sich die deutschen Soldaten, trotz ihres barbarischen Handelns, einen Rest an zivilisierten Verhalten bewahrt hatten. Die Tür wurde aufgestoßen, die hereinstürmenden Nazis sahen eine Frau auf der Toilette sitzen, entschuldigten sich und verließen den Raum. Gisela Neumarks Hoffnung hatte sich erfüllt. Sie hat ihrem Sohn das Leben gerettet.

Julius Neumark wurde am 19. Juli 1940 in Kaunas (Kowno), Litauen, geboren. Sein Vater Philipp (geboren 1910 in Telšiai, Litauen) studierte von 1928 bis 1932 an der Hochschule für Welthandel in Wien und schloss das Studium mit der Promotion ab. In Wien lernte er auch Gisela Neumann kennen, die bis zu ihrer »Flucht« aus Wien in der väterlichen Textilgroßhandlung am Morzinplatz als

Buchhalterin arbeitete. Julius Neumarks Eltern »flohen« bereits im Jahr 1936 aus der Stadt, nicht vor den Nationalsozialisten oder vor dem österreichischen Faschismus – obwohl Gisela Neumann, sie war seit 1928 Mitglied der Sozialistischen Partei Österreichs, während des Bürgerkrieges 1934 für den sozialistischen Schutzbund als Botin fungierte –, sondern wegen ihrer Liebesbeziehung. Denn Gisela Neumann sollte eigentlich einen anderen Mann heiraten, aber sie hatte sich in Philipp Neumark verliebt und war daher bereit, mit ihm nach Kaunas durchzubrennen. Sie verließen 1936 Hals über Kopf die Donaumetropole und fuhren Richtung Litauen. Am Bahnhof in Kybartai, dem Ort an der Grenze zu Litauen, wurden die beiden von einem extra angereisten Rabbiner getraut, damit Gisela Neumann, nun Neumark, überhaupt die für die Einreise notwendigen Papiere erhielt. Die Querelen mit ihren Eltern aufgrund ihrer »Flucht« haben sich bald nach ihrer Hochzeit wieder eingerenkt.

Philipp Neumark arbeitete im Betrieb seines Großvaters als kaufmännischer Direktor. Die Holdinggesellschaft »Nektaras« hat sein Vater gemeinsam mit drei weiteren Geschäftspartnern im Jahr 1921 gekauft. Sie bestand aus zwei Bierbrauereien, einer Spirituosenbrennerei, einer Hefefabrik und einem Landgut von 124 Hektar. Das Unternehmen wurde nach dem Einmarsch – Juni 1940 – und der Eingliederung Litauens als 16. Sowjetrepublik am 3. August 1940 verstaatlicht. Julius Neumarks Großvater starb bald danach, im Oktober 1940. Seine drei Mitgesellschafter wurden in den folgenden Monaten mitsamt ihren Familien nach Sibirien verbracht. Jahrzehnte später erzählt ein Enkel von einem der Gesellschafter, dass sein Großvater immer die Ansicht vertreten hatte, dass ihnen, bei allen Widrigkeiten, die ihren Familien im sibirischen Gulag widerfahren sind, letzten Endes diese Verschleppung das Leben gerettet hat. Julius Neumarks Vater Philipp wurde als Angestellter mit der Weiterführung der Geschäfte betraut, um den Zusammenbruch der Firma zu vermeiden.

Diesen Posten verlor er, als im Juni 1941 die Deutschen in Litauen einmarschierten. Im August 1941 wurden mehr als 30.000 Juden aus Kaunas und Umgebung in ein Ghetto, das im Armenbezirk Vilijampolė errichtet wurde, gepfercht. Bis zum Januar 1942 wurden durch verschiedene Aktionen, wie jene Kinderaktion im November 1941, von den Nationalsozialisten mehr als 15.000 Juden ermordet, die meisten im berühmt-berüchtigten 9. Fort in Kaunas.

Nach der Hinrichtung der Kinder beschlossen der Judenrat und der sich formierende Widerstand, so schnell wie möglich zumindest die Kleinkinder, die das Gemetzel überlebt hatten, aus dem Ghetto zu bringen. Mit der Hilfe von katholischen Priestern, die für die Kinder »Pateneltern« in der Umgebung von Kaunas suchten oder Plätze in Klöstern anboten, gelang es, die überlebenden Kinder aus dem Ghetto zu schmuggeln. Julius Neumark wurde von einem älteren Ehepaar aufgenommen und für die kommenden zwei Jahre in einer kleinen Dachkammer versteckt.

Nachdem das Ghetto von Kaunas von den Nazis in ein Konzentrationslager umgewandelt, und der Judenrat aufgelöst wurde, flüchteten die Eltern Julius Neumarks im März 1944. Sie fanden bei einem Bauern Unterschlupf bis zum 1. August 1944, als die Rote Armee Litauen befreite. Das Ghetto selbst wurde kurz vor dem Abzug der Deutschen niedergebrannt und die Überlebenden nach Stutt-hof oder Dachau deportiert. Viele kamen bei diesem Transport ums Leben. Von den anfangs 30.000 Jüdinnen und Juden im Ghetto von Kaunas überlebten gerade 4000 die Tötungsmaschinerie der Nazis. Jahrzehnte später haben Nachforschungen ergeben, dass mehr als 120 jüdi-sche Kinder aus dem Ghetto/KZ gebracht wurden und überlebt haben.

Julius Neumark war eines dieser Kinder.

Nach dem Ende des Krieges bekam sein Vater sofort eine Stelle im Wirtschaftskommissariat von Litauen, denn nachdem alle mit den Deutschen kollaborierenden Beam-ten entweder geflohen sind, oder verhaftet wurden, fehlte es der russischen Führung an Fachpersonal. Jedoch nur kurze Zeit später wurden die ersten Juden von den Sow-jets verhaftet. Zuerst die Mitglieder der zionistischen Organisation »Betar«, die als jüdische Faschisten diffa-miert wurden. Da Philipp Neumark ebenfalls Mitglied dieser Organisation war, war es für die Familie abzuse-hen, dass auch er von Verhaftung und Deportation bedroht war. Daher entschloss sich die Familie, aus der Sowjetuni-on zu fliehen. Julius Neumarks Mutter erhielt als Staats-bürgerin Österreichs vor 1938 mit Hilfe des Roten Kreu-zes das Recht auf Repatriierung, gemeinsam mit ihrem Sohn. Sein Vater besorgte sich falsche Papiere und eines Tages – im Oktober 1945 – kam er wie üblich an seinen Arbeitsplatz, hängte sein Sakko über den Sessel und begann zu arbeiten. Mit der fast klassischen Ansage, er wolle nur einmal kurz Zigaretten holen, verließ er das Zimmer, ließ Aktentasche, Mantel und Sakko zurück und verschwand.

Die Reise nach Wien dauerte für die Familie fast ein

Jahr. Immer wieder mussten sie Zwischenstopps einlegen, Philipp Neumark war gezwungen, kurze Jobs anzunehmen, damit sie nach einiger Zeit ihre Irrfahrten in Viehwaggons und auf offenen Lastwägen wieder aufnehmen konnten. Endlich, im August/September 1946 erreichte die Familie den Wiener Nordbahnhof. Sie fanden im Rothschild-Spital Unterschlupf.

Gisela Neumark versuchte bald nach der Rückkehr, am Wohnungsamt die Wohnung ihres Vaters in der Hörlgasse im 9. Bezirk wiederzubekommen. Da aber die Wohnung von amerikanischen Offizieren beschlagnahmt war, wurde ihnen eine andere arisierte Wohnung im 9. Bezirk als Ersatz zugeteilt, in der jedoch noch ein Nazi mit seiner Familie lebte. Sie mussten mit zwei Zimmern vorlieb nehmen und waren gezwungen, noch ein ganzes Jahr mit dem Ariseur Tür an Tür zu leben, bis der eine andere Unterkunft gefunden hatte.

In den ersten Jahren in Wien verdiente sein Vater den Lebensunterhalt mit den verschiedensten Jobs. Er unterrichtete an der Hochschule für Welthandel, denn – ähnlich wie in Litauen – gab es nach der Entnazifizierung zu wenig Lektoren. Außerdem fungierte er als Gutachter bei Wirtschaftsprozessen. Nebenbei engagierte er sich noch beim Wiener Ableger von »Betar« und war Herausgeber der von Theodor Herzl gegründeten Zeitschrift *Neue Welt*. Nach der Gründung des Staates Israel legte er alle politischen Funktionen sowie die Herausgeberschaft zurück, da er der Meinung war, dass mit der Staatsgründung alle Ziele des Zionismus erreicht waren. Danach war er von 1951 bis 1955 Leiter des Wiener Büros des KKL (Keren Kayemeth Leisrael), des Jüdischen Nationalfonds. Erst im Jahr 1956 fand er eine seiner Ausbildung entsprechende

Anstellung: Er wurde Prokurist der »American Near East Corporation« und importierte unter anderem die ersten Jaffa-Orangen nach Österreich. In diesem Unternehmen, das 1962 von der »Eclectic GmbH« übernommen wurde, war er bis zu seiner Pensionierung 1974 tätig. Er starb 1986 im Alter von 76 Jahren, seine Frau Gisela starb 2008 im Maimonides-Zentrum.

Julius Neumark besuchte ab Oktober 1946 die Volksschule in der Gilgegasse, danach die Realschule in der Glasergasse. Mit zehn Jahren wurde ihm vom damaligen Präsidenten der wieder gegründeten Hakoah, Karl Haber, das Schwimmen beigebracht. Als Teenager war er beim Hashomer Hatzair und als Student bei der Vereinigung Jüdischer Hochschüler. Denn obwohl seine Eltern ein weitgehend säkulares Leben führten, war es ihnen doch sehr wichtig, dass ihr Sohn den Kontakt zur jüdischen Gemeinde nicht verlor.

Nach der Matura tendierte Julius Neumark dazu, ein technisches Studium zu beginnen, was nahe lag, da er eben ein Realgymnasium besucht hatte. Also so etwas wie Maschinenbau. Aber ein Freundschaftsdienst brachte ihn auf eine ganz andere Linie. Ein Freund bat ihn, mit ihm zu einem Berufsberatungstreffen für Medizin zu gehen. Er willigte ein, und als der vortragende Professor die angehenden Studenten eindringlichst vor einem Medizinstudium warnte, weil es ja ungeheuer schwer sei, erwachte in Julius Neumark der Widerspruchsgeist. Er war sich sicher, dass der Sermon des Professors die pure Unwahrheit sei und eine elitäre Professorengarde nur nicht zu viele Medizinstudenten zulassen wollte. Gegen diese willkürliche Manipulation wollte sich Neumark zur Wehr setzen, und als er am Abend nach Hause kam, verkündete er seinen verdutzten Eltern, dass er Medizin studieren wollte. Seine Eltern waren tolerant genug, dass der Sohn ruhig etwas spinnen durfte, wie Julius Neumark betont.

Die – für ihn – revolutionäre Energie, die ihn zu diesem Studium verleitet hatte, wurde zu Beginn auf eine harte Probe gestellt, denn viele Fächer lagen ihm überhaupt nicht. Aber aufgeben und seine »Spinnerei« vor den Eltern zugeben, das ging auch nicht. Er absolvierte das Studium und promovierte im Jahr 1965. Während des Turnus begann er zu überlegen, worauf er sich nun spezialisieren sollte. Eines war auf jeden Fall klar für ihn: Es sollte kein operatives Fach sein. Und keine Facharztausbildung, die die meisten anderen Turnusärzte ins Auge gefasst hatten. Er suchte nach medizinischen Marktlücken. Und diese Nischen waren zu jener Zeit drei Fächer: die Gynäkologie, die Orthopädie und die Anästhesie. Er entschied sich für die Anästhesie, denn einerseits gewann das Fach mit dem rasanten Wachsen der Intensivmedizin immer mehr an Bedeutung, und andererseits lagen Neumark die mathematisch-rechnerischen Aspekte der Anästhesie. Er begann die Facharztausbildung im Oktober 1968 bei Professor Mayrhofer.

Im Jahr 1970 kam ihm noch der Präsenzdienst dazwischen, den er immer wieder aufgeschoben hatte. Nach der Grundausbildung wurde er zum Brigadier beordert. Der erklärte ihm, dass das Militärkommando für ihn als ausgebildeten Mediziner einen Posten als UN-Soldat auf Zypern vorgesehen hatte. Sechs Monate auf der Mittelmeerinsel mit dem wesentlich besseren UN-Sold erschienen ihm mehr als verlockend. Trotzdem wagte er den Brigadier zu fragen, wo er sonst, wenn er das Angebot, respektive den Befehl ablehnen würde, Dienst machen würde. Nach einem kurzen Blick in die Akten antwortete der Brigadier, dass er sonst in Allentsteig als Revierarzt zum Einsatz kommen würde. Eine Antwort, die bei Neumark die letzten Zweifel ausräumte. Innerhalb einer Stunde wurde er, der einfache Rekrut, zum Oberleutnant befördert, denn die österreichische Armee konnte natürlich nicht einen einfachen Soldaten zu einer UN-Mission schicken. Nach der Beförderung musste er sofort zum Ausfassen einer neuen, standesgemäßen Uniform in die Maria-Theresien-Kaserne fahren. Bis er zur Kleiderausgabe kam, musste er einige Male strammstehen, vor den wachhabenden Korporalen salutieren – wie er es nennt, seine »Manderl machen« – und um Erlaubnis bitten, vorbeigelassen zu werden. Das Bild änderte sich grundlegend, als er nur wenige Minuten später mit seiner neuen Uniform den Rückweg antrat – plötzlich salutierten die Wachsoldaten vor ihm. Eine Köpenickiade autrichienne.

Nach dem sechsmonatigen Grundwehrdienst in Zypern, einem zweijährigen harten Job auf der Intensivstation, bei dem er oft wochenlang durcharbeitete, und der Beendigung der Facharztausbildung für Anästhesie und Intensivmedizin, wollte er raus aus dem Stress. Da er für einen Oberarztposten noch viel zu jung war, entschied er sich, ein Fulbright-Stipendium am Medical College of Wisconsin in Milwaukee zu absolvieren. Das schloss er mit einem amerikanischen Facharztdiplom ab. Mit dem Diplom war er in diesen Jahren einer der wenigen Spezialisten für Geburtshilfeanästhesie in Europa.

Während seines Aufenthalts in den Vereinigten Staaten hat sich Julius Neumark einige Male überlegt, im Land zu bleiben. Aber sein Mentor, Professor Mayrhofer, konnte ihn mit einem überzeugenden Argument wieder nach

Wien locken: Noch vor seiner Rückkehr wurde er zum Oberarzt an der 2. Frauenklinik der Universität Wien ernannt. Er war damals der jüngste Oberarzt in Wien. Aufgrund seiner Spezialisierung wurde er in den folgenden Jahren, Jahrzehnten bei komplizierten Geburten in ganz Europa angefragt und geholt, war Vortragender an vielen Universitäten und bei Kongressen, publizierte in unzähligen Fachmagazinen und Lehrbüchern und habilitierte im Jahr 1980. Er war bis zu seiner Pensionierung Mitglied und oft Vorstandsmitglied von 14 nationalen und internationalen wissenschaftlichen Gesellschaften.

Im Jahr 1992 wurde er Vorstand der Abteilung für Anästhesie und Intensivmedizin am Donauspital SMZ-Ost. Dieser Wechsel brachte es auch mit sich, dass er von Wien nach Niederösterreich, genauer nach Groß-Enzersdorf, umzog, da das Spital von dort leichter zu erreichen war. Bis zu seinem Eintritt in den Ruhestand im Jahr 2003 praktizierte er im SMZ-Ost.

Mit Anritt seines Ruhestands zog er sich unwiderruflich aus der Medizin zurück, nahm keine beruflichen Angebote mehr an und trat auch aus der Ärztekammer aus. Seitdem holt Julius Neumark gemeinsam mit seiner Frau Leila, ebenfalls eine Ärztin, die aus Suriname stammt, nach, wofür er während seines ausgefüllten Berufslebens nicht die Zeit fand. Er knüpfte auch wieder Kontakt zur jüdischen Gemeinde, ist einer der Unterstützer des Jüdischen Museums in Wien und des Maimonides-Zentrums und besucht auch wieder die Hakoah, entweder um zu schwimmen oder um Tischtennis zu spielen. Außerdem ist er vor einigen Jahren der B'nai B'rith Loge beigetreten.

»Ich hatte während meiner beruflichen Tätigkeit einfach kaum Zeit, mich mit Kunst, Kultur oder meinem Judentum zu beschäftigen«, erklärt Julius Neumark, fast entschuldigend. Obwohl er sein Judentum im Berufsleben niemals versteckt hatte. An den Türrahmen seiner verschiedenen Büros in den Spitälern ließ er immer eine Mesusa anbringen. Er vertritt die Ansicht, dass ihm persönlich das offene Bekenntnis in seinem Umfeld nicht geschadet habe. Allein schon aus dem Grund, dass viele Mediziner ein unaufgearbeitetes Naheverhältnis entweder zum Nationalsozialismus oder zu rechtsextremen Ideologien hatten – einige Kollegen waren offensichtlich Mitglieder bei schlagenden Burschenschaften – und sich einerseits diesbezüglich keine »Blöße« geben wollten, und andererseits auch überhaupt keine Ahnung hatten, wie sie sich gegenüber einem Juden verhalten sollten. Dieses sehr österreichische Manko versuchten sie mit fast übertriebener Freundlichkeit und Hilfsbereitschaft zu kompensieren. Das bedeutet keinesfalls, dass kein offener Antisemitismus in der Kollegenschaft zu finden war. Denn jüdische Kollegen, die ihr Judentum verborgen hielten, erzählten ihm, dass sie schon des Öfteren antisemitische Ausfälle zu hören bekamen.

Dass ihn der Zufall und nicht eine familiäre Bindung nach Groß-Enzersdorf gebracht hat, hielt Julius Neumark nicht davon ab, sich mit der jüdischen Geschichte des Ortes eingehend auseinanderzusetzen. Er recherchierte über die Kultusgemeinde von Groß-Enzersdorf, was mit der Gemeinde nach dem »Anschluss« geschah, und über die Synagoge und den Friedhof – und bemerkt dabei auch, dass es Verantwortlichen der Stadt bis heute schwer fällt, sich klar zu diesem dunklen Teil der Geschichte der Stadt zu äußern: Als Julius Neumark einmal die Gedenkstätte

Yad Vashem in Jerusalem besuchte, entdeckte er auf einer Tafel, die an die zerstörten jüdischen Gemeinden Europas erinnert, auch Groß-Enzersdorf. Er sandte das Foto mit einem kurzen Kommentar an die monatlich erscheinenden *Groß-Enzersdorfer Nachrichten*. Das Foto wurde auf der Informationsseite des städtischen Heimatmuseums veröffentlicht. Nur der Text, der sein Foto begleitete, klang eher nach »Walk of Fame in Yad Vashem« (»Groß Enzersdorf ... in Stein eingraviert und verewigt ...«) und ging nicht auf die tragische Geschichte der jüdischen Gemeinde ein. Die wurde in diesem Text mit keinem Wort erwähnt. Auf jeden Fall bedankte sich das Museum für den Beitrag von Julius Neumark herzlich.

Die jüdischen Gemeinden in Niederösterreich

Das Viertel unter dem Manhartsberg (Weinviertel)

Gänserndorf

Gründe für die relativ späte Entstehung waren die Eingemeindung Floridsdorfs zu Wien und damit auch der Anschluss der dortigen Kultusgemeinde an jene von Wien, sowie die Schaffung des eigenständigen Bezirks Gänserndorf. In Wirklichkeit aber blickte sie bereits auf eine längere Geschichte zurück. 1866 bat der dortige Bethausvorstand die Wiener Gemeinde um eine Thorarolle. Damals lebten nur etwa dreißig Jüdinnen und Juden in Unter-Gänserndorf, wie es bis 1904 hieß. Bis zum Bau der Kaiser-Ferdinands-Nordbahn war dieser Ort relativ unbedeutend. Die Gottesdienste wurden, bis 1890 die Synagoge erbaut wurde, wohl in einem vom Gänserndorfer Schächter Bernhard Fleischmann gemieteten Haus abgehalten. 1884 war ein Minjan-Verein gegründet worden, der sich 1907 zugunsten der neugegründeten Kultusgemeinde auflöste. 1908 bestellte die Gemeinde einen eigenen Rabbiner, für den auch ein Haus errichtet wurde. Bereits 1884 erfolgte die Anlage des Friedhofs. Im nicht weit entfernten Deutsch-Wagram hatte es ebenfalls einen Friedhof gegeben, auf dem aber seit 1895 keine Begräbnisse mehr stattgefunden hatten und wo in den 1870er-Jahren auch ein Bethaus bestand. Weitere Friedhöfe befanden sich in Marchegg und im Kurort Bad Pirawarth, wo schon in den 1870er-Jahren eine jüdische Abteilung am Gemeindefriedhof angelegt worden war. Die größte Gruppe von Angehörigen der

IKG Gänserndorf lebte 1934 übrigens nicht in dem Bezirkshauptort – Gänserndorf wurde erst 1958 zur Stadt erhoben –, sondern in Angern an der March. Von Angern aus wurde die Synagoge in Ungeraiden (dem heutigen Záhorská Ves) am gegenüberliegenden Marchufer besucht, mit dem es durch eine Brücke verbunden war.

Eingang zur Zeremonialhalle in Gänserndorf

Ein Minjan-Verein bestand seit 1911 aber auch in Lassee, wo die drittgrößte Gruppe von Jüdinnen und Juden des Kultussprengels wohnte.

Ida Olga Höfler
Gänserndorf

Es gibt niemanden im niederösterreichischen Weinviertel, der in den letzten fast zwanzig Jahren dermaßen viel für die Aufarbeitung der Geschichte der jüdischen Gemeinden in dieser Region gemacht hat, wie Ida Olga Höfler. Dass ihr Tun und Wirken weit über das Weinviertel hinaus Beachtung findet, wird offenbar, wenn man sie in ihrer Wohnung besucht: Zwischen einer Unmenge von historischen Büchern und Lexika kommen – fast verborgen hinter der Bücherflut – einzelne Auszeichnungen zum Vorschein. Wie die Anerkennungsurkunde der »Marietta und Friedrich Torberg-Medaille«, die ihr die Israelitische Kultusgemeinde Wien im Jahr 2007 für ihr Engagement verliehen hat. Ein paar Jahre zuvor, im Jahr 2005, wurde sie bereits mit dem Goldenen Ehrenzeichen der Republik Österreich geehrt. Es mag bezeichnend sein, dass sich eine Ehrung durch ihre Heimatstadt erst im Jahr 2009 einstellte – da bekam sie den Ehrenring der Stadt Gänserndorf überreicht. Also schon einige Jahre nachdem Österreich und die jüdische Gemeinde diese ungemein engagierte Frau geehrt haben. Aber wahrscheinlich war – und möglicherweise ist – ihr Engagement einigen maßgeblichen Politikern der Stadt eher suspekt denn willkommen. Denn die Aufarbeitung und Auseinandersetzung mit der Geschichte und Verantwortung Österreichs in den Jahren des Nationalsozialismus wurde immer schon sehr gerne von der Politik und Gesellschaft auf die lange Bank geschoben. In der Hoffnung, dass es einmal dem allgemeinen Vergessen anheim fallen wird. Ob das nun in Gänserndorf oder einer anderen Gemeinde in Österreich ist, bleibt sich gleich. Die Verhaltensmuster des »Auf-die-lange-Bank-Schiebens«, oder gar des Verhinderns ähneln einander stark.

Aber da haben sie in Gänserndorf nicht mit der Ausdauer, Hartnäckigkeit und Sturheit von Frau Höfler gerechnet.

Ida Olga Höfler wurde im Jahr 1937 in Gänserndorf geboren. Sie kann sich noch an die Kriegszeit in der Stadt erinnern und daran, dass sie in den Jahren nach dem Krieg häufig nach der Schule im Geschäft ihres Vaters gesessen ist und aufmerksam den Geschichten der Menschen zugehört hat. Die handelten in den Jahren meist vom Krieg, den Schrecknissen und den Veränderungen, die er mit sich gebracht hat. Eine dieser merklichen Änderungen war die vollkommene Auslöschung der jüdischen Gemeinde von Gänserndorf. Nun ging es in den Gesprächen der Kunden nicht nur darum, was mit den Juden passiert ist, sondern auch darum, was mit der Synagoge oder dem Haus des Rabbiners nun werden soll.

Im Jahr 1951 verließ Ida Olga Höfler Gänserndorf und ging nach Wien, wo sie die Handelsschule am Karlsplatz absolvierte. Nach dem Abschluss blieb sie in Wien und arbeitete im kaufmännischen Bereich, unter anderem für das Osteuropa-Büro des Unternehmens Levi Strauss und ab 1980 für General Motors. Dort blieb sie bis zu ihrer Pensionierung im Jahr 1992.

Neben ihrem Hauptberuf beschäftigte sie sich intensiv mit der Geschichte der Stadt. Die Auseinandersetzung mit der Geschichte war für sie so wichtig, dass sie sogar die Fremdenführerprüfung beim Wifi ablegte und danach auch Führungen durch die Stadt organisierte.

Im Jahr 1995 kehrte sie nach Gänserndorf zurück und

begann, sich mit großer Energie der Aufarbeitung der Geschichte der jüdischen Gemeinde der Stadt zu widmen. Aber nicht nur der ihrer Heimatstadt, sondern auch der Geschichte aller Gemeinden im ganzen Weinviertel. Sie recherchierte in den Unterlagen im Archiv der Stadt, um mehr über die jüdischen Familien herauszufinden. Auch um zu erfahren, ob es noch Nachfahren ehemaliger Gemeindemitglieder gibt. Außerdem begann sie damit, den jüdischen Friedhof mit freiwilligen Helfern und Unterstützern zu sanieren. Sie grub Grabsteine aus, platzierte sie auf dem Friedhof und erforschte die Familiengeschichten zu den Namen, die auf den einzelnen Grabsteinen standen. Geht man mit Ida Olga Höfler über den Friedhof, dann wird sie zu einem wandelnden Lexikon der ehemaligen jüdischen Gemeinde der Stadt. Zu jedem Grab kann sie eine Geschichte erzählen, weiß genau über die Geschichte der Familie Bescheid und kann auch Querverbindungen zwischen den Familien aufzeigen. Eine Besichtigung des jüdischen Friedhofs mit Ida Olga Höfler wird durch ihr Wissen zu einer spannenden Tour durch die Geschichte der Juden der Stadt der letzten Jahrhunderte.

Ihr Engagement, ihre Fragen und Forderungen behagten den Verantwortlichen der Stadt gar nicht. Sie lieferte sich im Laufe der Jahre einige Gefechte mit den verschiedenen Bürgermeistern, wie mit Johann Karl, der versuchte, ihre Bemühungen im Keim zu ersticken. Aber das gelang ihm nicht. Sie schaffte es, dass verschiedene Gedenktafeln, wie jene am Bahnhof für die Familie Freundlich, die die Pächter des Bahnhofrestaurants gewesen waren, angebracht wurden. Ihr Sohn Jakob Freundlich gründete gemeinsam mit Karl Renner im Jahr 1922 die Arbeiterbank, die spätere BAWAG. Auch ihr Einsatz für die ehemalige Synagoge in

Gänserndorf brachte zumindest den Erfolg, dass an ihr, die jahrzehntelang ein kümmerliches Dasein fristete, zumindest im Jahr 2001 eine Gedenktafel angebracht wurde.

Aber ihr Engagement beschränkte sich nicht nur auf Gänserndorf – mittlerweile hat sie die Geschichte der Juden von nicht weniger als neunzig Gemeinden im Weinviertel aufgearbeitet. Zurzeit arbeitet sie an der Geschichte der Juden in Mistelbach. Ein mühsames Unterfangen, wie bei den meisten Gemeinden, denn die meisten Matriken der niederösterreichischen jüdischen Gemeinden sind nach dem Zweiten Weltkrieg verschwunden. Höfler vermutet, dass sie entweder in Wien oder in Berlin bei einem Bombenangriff zerstört wurden. Daher muss sie sich bei ihren Recherchen auf Polizeiakten oder auf das niederösterreichische Landesarchiv konzentrieren. Außerdem ist es ihr durch ihre Recherche gelungen, fünf Familien wieder zusammenzuführen, die sich in den Jahren der Verfolgung durch die Nazis aus den Augen verloren haben. Solche geglückte Familienzusammenführungen stellen für Höfler die schönen Seiten ihrer Arbeit dar. Die schlimmen Seiten sind unverständliche Fragen danach, warum sie das nur tue (»San' Se a Jud?«), wenn sie anonym angerufen und beschimpft wird, oder wenn sie in einem Artikel persönlich beleidigt und über ihre Arbeit abfällig geschrieben wird. Das schmerzt sie persönlich ungeheuer.

Aber sie gibt nicht auf – eine Gedenktafel möchte sie noch realisiert sehen: für Jakob Grünwald in Deutsch-Wagram. Der Lebensmittelhändler und Konsul ist 1964 in Wien gestorben. Seine Frau Berta hat im Jahr 1972 der Marktgemeinde drei Grundstücke geschenkt, mit der Auflage, sie bestmöglich zu verkaufen und den Erlös in einer Stiftung – der Konsul Grünwald-Stiftung – mündelsicher anzulegen. Der jährliche Zinserlös sollte an den besten Schüler oder die beste Schülerin der vierten Klasse Hauptschule in Deutsch-Wagram ausgezahlt werden. Die Ausschüttung – das Preisgeld sozusagen – betrug jährlich zwischen respektablen 8000 und 9000 Schilling. Bis vor einigen Jahren wurde das Preisgeld noch ausgeschüttet, zurzeit ist es nicht möglich, genaue Angaben zu erhalten, ob dies noch immer der Fall ist. Nun möchte Ida Olga Höfler zumindest erreichen, dass an der Hauptschule eine Tafel an Jakob Grünwald erinnert. Bis dato hat sie aber nur ablehnende Antworten auf ihr Ansuchen bekommen, dass das nicht möglich sei, weil kein Budget dafür vorhanden sei. Warum es fast siebzig Jahre nach dem Ende des Krieges und des Terrors der Nationalsozialisten nicht möglich sein soll, die Kosten von achthundert Euro (!) für eine solche Erinnerungstafel bereitzustellen, diese Antwort ist ihr der Bürgermeister der Stadt, Fritz Quirgst, bis dato schuldig geblieben.

Und wenn das mit der Gedenktafel erledigt sein wird – was bei der Hartnäckigkeit von Frau Höfler mit einiger Sicherheit anzunehmen ist –, alle Gemeinden aufgearbeitet sind, was möchte Ida Olga Höfler dann noch erreichen?

Sie möchte unbedingt mit ihrer Erfahrung in die Schulen gehen, denn sie hat bei vielen Diskussionen leidvoll erfahren müssen, dass bei der jungen Generation kaum Wissen über die Geschichte im Allgemeinen und der Juden im Weinviertel im Speziellen vorhanden ist. Sie hat einigen Schulen angeboten, Vorträge und Diskussionen mit den Jugendlichen abzuhalten. Bis jetzt haben die Lehrer ihr Ansinnen aber meist abgeblockt. Man wird sehen, ob diese Blockade bei ihr nicht noch größere Energien freisetzen wird, um ihren Plan durchzusetzen.

Groß-Enzersdorf

Noch ein Jahr später als im nahen Gänserndorf, war 1908 die Gründung der Israelitischen Kultusgemeinde von Groß-Enzersdorf vollzogen worden, wobei gerade in der Stadt Groß-Enzersdorf bereits bald nach Mitte des 19. Jahrhunderts eine größere jüdische Bevölkerungsgruppe ansässig war. Die späte Gründung stand wohl auch hier in Zusammenhang mit der Verschiebung der Bezirksgrenzen, die sich durch die Eingemeindung Floridsdorfs zu Wien 1904/05 ergeben hatte, zu dessen Kultusgemeinde Groß-Enzersdorf bis dahin gehört hatte. Aus den beiden Gerichtsbezirken Groß-Enzersdorf und Wolkersdorf entstand der Bezirk Floridsdorf-Umgebung. Während nun für den Gerichtsbezirk Groß-Enzersdorf eine eigene Kultusgemeinde entstand, wurde der Gerichtsbezirk Wolkersdorf zwischen den Kultusgemeinden Gänserndorf und Mistelbach aufgeteilt.

Im kleinen benachbarten Dorf Wittau – heute eine Katastralgemeinde Groß-Enzersdorfs – soll sogar schon vor 1848 ein aus Böhmen zugewanderter jüdischer Händler ansässig gewesen sein und ab 1858 im kornreichen Marchfeld, wie einige andere jüdische Zuwanderer in dieser Gegend auch, mit dem Getreidehandel begonnen haben. 1898 wurde die Synagoge durch den örtlichen Minjan-Verein errichtet, der auch hier sozusagen Vorgänger der Kultusgemeinde Groß-Enzersdorf gewesen ist. 1961 wurde sie abgerissen.

Hollabrunn

Wie auch in andere Gemeinden Niederösterreichs kamen erst wieder nach 1848 die ersten jüdischen Familien in das damalige Oberhollabrunn. Bereits 1876 wurde ein eigener Friedhof angelegt. Vier Jahre danach, 1880, konnte die »Israelitische Cultus-Genossenschaft« in Oberhollabrunn errichtet werden. Nach nur zwölf Jahren wurde sie jedoch 1892 in die 1873 entstandene Kultusgemeinde von Horn eingegliedert. Wiederum nur zehn Jahre später konnte 1902 aber durch den Zusammenschluss mit dem auch bereits in den letzten Jahrzehnten des 19. Jahrhunderts bestehenden Bethausverein von Retz eine eigene Kultusgemeinde gegründet werden. Hier existierte in der Zeit von 1896 bis zum Ersten Weltkrieg ein Betraum und ab 1908 ein eigenes Bethaus in einem umgebauten Schüttkasten. 1899 war in Oberhollabrunn ein Bethausanschaffungsverein gegründet worden, der bis Ende des Jahres das Gebäude erwerben konnte. Es wurde so eingeteilt, dass sich im ersten Stock der Betsaal befand und im Erdgeschoß die Wohnung des Kantors. 1913 erfolgten die Errichtung eines eigenen Raums zum Schächten sowie weiterer Nebengebäude. Trotz der inzwischen vollzogenen Gemeindegründung blieb der Bethausanschaffungs-

Der jüdische Friedhof in Hollabrunn

verein bis zu seiner Auflösung 1924 der eigentliche Besitzer der Liegenschaft, dann ging der Besitz auf die Kultusgemeinde über. 1932 gründete der letzte Gemeindevorsteher Emil Skutetzky, der aus einer der am längsten im Ort ansässigen jüdischen Familien stammte, den »Jüdischen Geselligkeitsverein Hollabrunn« – die Umbenennung von Oberhollabrunn in Hollabrunn war 1928 vollzogen worden. Der Verein hatte einen integrativen Charakter, und so zogen die Lesungen genauso auch nichtjüdische Einwohner des 1908 zur Stadt erhobenen Ortes an.

Mistelbach

Wie sich im heutigen Bezirk Gänserndorf schon einige Jahrzehnte zuvor der Bau der Kaiser-Ferdinands-Nordbahn auf die wirtschaftliche und gesellschaftliche Struktur ausgewirkt hatte, so geschah dies nun auch durch die Eröffnung des nördlichen Abschnitts der Ostbahn 1870/71 im heutigen Bezirk Mistelbach. Die Möglichkeiten, die sich aus dem Eisenbahnanschluss ergaben, trugen zu einem Anstieg der jüdischen Bevölkerung bei.

Vor der Gründung der Kultusgemeinde diente vermutlich die Wohnung des späteren ersten Kantors der Gemeinde als Ort, an dem die Gottesdienste abgehalten wurden. Die Gründung der Mistelbacher Gemeinde erfolgte auf Basis des Israelitengesetzes von 1890 im Jahr 1892. Eine kleine jüdische Abteilung auf dem Gemeindefriedhof existierte bereits 1891; das Grundstück zur Anlage eines eigenen Friedhofs wurde 1898 erworben. 1896 war die Synagoge nach den Plänen Friedrich Schöns, der unter anderem bei Theophil Hansen studiert hatte, fertiggestellt worden. Die Eröffnung der Mistelbacher Synagoge wurde zu einem gro-

ßen Fest mit zahlreichen Honoratioren, nur der Mistelbacher Bürgermeister blieb der Eröffnung fern. Nach der
Einweihung wurde zum Festmahl in den Saal des Rat-
hauses der Stadt geladen, am Abend folgte ein Promenaden-
konzert des Militärorchesters, den Abschluss bildete ein
rauschender Ball. Abgerissen wurde die Synagoge 1979.

In den heute zum Bezirk Mistelbach gehörenden Orten
gab es außerdem einen Betraum in Laa an der Thaya, der,
wie einige andere auch, in einem Gasthof eingemietet war.
1855 wird auch für Wolkersdorf ein Betraum genannt, der
aber nur kurzfristig Bestand hatte. Zum Kultussprengel von
Mistelbach gehörten aber auch die Orte Hohenau an der
March, Dürnkrut und die Kleinstadt Zistersdorf (die heute
zum Bezirk Gänserndorf zählen). Besonders in Hohenau gab
es eine relativ große jüdische Gemeinde mit eigener Infrastruktur. Im Hinterzimmer eines Wirtshauses befand sich
ein Betraum; 1899 wurde eine eigene Synagoge errichtet.
Für den Bau konnte als Architekt Max Fleischer gewonnen
werden, der zahlreiche Synagogen – unter anderem jene
von Nikolsburg, Lundenburg und Krems – entworfen hatte.
Von ihr sind nur noch die ursprünglich über dem Eingang
angebrachten Gesetzestafeln erhalten. Sie wurden in die
Mauer, die das Areal der ehemaligen Synagoge umgibt, ein-
gearbeitet. Zudem gab es in Hohenau, wie in den beiden
anderen genannten Orten, einen eigenen jüdischen Friedhof.

Stockerau

Schon 1856 bestand in Stockerau ein Minjan-Verein. Bis zur
Einweihung der Synagoge 1903 wurden die Gottesdienste
in Beträumen in Stockerau beziehungsweise in Grafendorf,
das bereits Ende des 19. Jahrhunderts zu Stockerau gehörte, abgehalten. Seit 1874 gab es einen Friedhof, der später

zweimal erweitert wurde. Die Anlage des Friedhofs wurde, genauso wie auch die Erbauung der Synagoge, durch den Minjan-Verein getragen, zumal noch keine Kultusgemeinde errichtet worden war. Zugunsten dieser gerade in der Gründungsphase befindlichen Kultusgemeinde übergab der Minjan-Verein 1905 Synagoge und Friedhof. In späterer Folge wurde der Minjan-Verein zu einer Chewra Kadischa.

Chewra Kadischa wird zwar im Deutschen meist als Beerdigungsverein bezeichnet, heißt in etwa aber soviel wie Heilige Vereinigung. Auch gehen die Aufgaben weit über die Bestattung der Toten hinaus. Die Chewra Kadischa steht Schwerkranken bei, leistet Hilfe bei der Pflege Sterbender und religiösen Beistand, hält die Totenwache, nimmt die rituellen Waschungen vor und organisiert schließlich das Begräbnis.

Auch in Stockerau war es die Eingemeindung Floridsdorfs zu Wien, wodurch die dortige Kultusgemeinde in die Wiener IKG integriert wurde, die die Notwendigkeit zur Gründung einer eigenen mit sich gebracht hatte. Diese erfolgte offiziell schließlich erst relativ spät 1907/08. Einmalig in Niederösterreich ist die »Arisierung« der Stockerauer Synagoge durch die evangelische Gemeinde Stockerau 1938. Unter anderem wurde ein Glockenturm angebaut. An diese Ereignisse erinnert heute ein Gedenkstein vor der ehemaligen Synagoge.

Neben Stockerau bestand auch in Korneuburg, wo heute noch das Gebäude der mittelalterlichen Synagoge erhalten ist, und in dem die zweitgrößte jüdische Bevölkerung des Sprengels lebte, ein Betsaal. Nur kurzfristig scheinen auch um 1855 in Bisamberg und Würnitz Beträume gewesen zu sein.

Das Viertel unter dem Wienerwald (Industrieviertel)

Baden

Dem schon erwähnten jüdischen Restaurant in Baden, das Isaak Schischa und Aron Gellis seit 1780 im beliebten Sommerfrische-Ort führten (siehe Seite 56), folgte 1820 ein zweites koscheres Lokal, zu dem auch ein Bethaus gehörte.

1849 folgte ein weiteres Lokal, dem ebenfalls ein beachtlicher Betraum, in dem Gottesdienste nach orthodoxer Tradition abgehalten wurden, angeschlossen war. Bevor er beim Novemberpogrom 1938 zerstört wurde, bot er 285 Personen Platz. Zur Badener Kultusgemeinde

Die vom Abriss bedrohte Badener Synagoge, 1988

gehörten auch die Beträume in der Lungenheilanstalt Alland und ein Betsaal im jüdischen Waisenhaus. In Bad Vöslau entstand um 1900 ein eigenes Bethaus, ebenso soll in Pottendorf bei Berndorf um 1870 eines bestanden haben. Nach mehreren Versuchen zur Gründung einer Gemeinde – die Anträge waren von den Behörden abschlägig beschieden worden – gelang 1871 endlich zumindest die Gründung eines Kultusvereins. Zu diesem Zeitpunkt lebten bereits etwa vierzig jüdische Familien in Baden, zu denen um die dreitausend jüdische Kurgäste kamen. Im Jahr 1871 wurde auch das Bethaus in der Grabengasse eingeweiht. Musikalisch gestaltete diese Feier der Komponist und damalige Wiener Oberkantor Salomon Sulzer. Da das Gebäude aber auf keinen großen Anklang stieß, wurde der Bau der eigentlichen Synagoge direkt im Anschluss in Angriff genommen und 1873 abgeschlossen. In diesem Jahr kam übrigens auch Max Reinhardt, dessen Mutter gerade in Baden kurte, auf die Welt.

Ein Großteil der nun in Baden wohnhaften Juden war seit der Mitte des 19. Jahrhunderts aus Westungarn, also dem Burgenland, zugezogen, was bei der Konstituierung der Gemeinde dieselben Probleme mit sich brachte, wie es sie in Wiener Neustadt und Neunkirchen auch gab. 1876 wurden dann endlich auch die Statuten der Kultusgemeinde bestätigt, es mussten aber noch weitere Widerstände überwunden werden, bis es 1878 endlich zur Wahl eines Vorstandes der Kultusgemeinde kommen konnte.

Margarete Schön-Healy
Baden

Sie hatte genug von dieser Familie, von diesem Job, von den Menschen hier und von dieser Stadt. Sie war verzweifelt und wollte einfach nur mehr zurück nach New York, zu ihren Familienangehörigen. Von dem wenigen Geld, das sie als Kindermädchen verdient hatte, kaufte sie sich ein Fahrrad, packte ihre paar Sachen zusammen und brach auf. Sie war gerade 16 Jahre jung, aufgrund ihres fast täglichen Schwimmtrainings in guter körperlicher Verfassung, aber über 2200 Kilometer von Miami Beach nach Manhattan, New York City – vom sommerlichen Florida in den frostigen Winter des Big Apples – auf einem klapprigen Fahrrad zurückzulegen, daran wäre wahrscheinlich selbst Lance Armstrong in seiner Dopingblütezeit gescheitert. Aber trotz der Hitze, der extremen Luftfeuchtigkeit und der verdammten Moskitos schaffte sie es bis Fort Pierce, über zweihundert Kilometer nördlich von Miami Beach, bis sie aufgeben musste. Nicht nur aus Erschöpfung, sondern auch wegen der einbrechenden Dunkelheit. Da sie sich kein Zimmer leisten konnte, legte sie sich einfach in den Vorgarten eines Hotels. Am nächsten Tag heuerte sie als Kellnerin in einer Snackbar an. Aber in ihrer Verzweiflung war ihr ganz klar, dass sie wieder zu ihren Verwandten nach New York zurückkehren musste. Nach einigen Tagen als Kellnerin in diesem Frühstückscafé schmiss sie den Job hin und fuhr mit ihrem Fahrrad zum nächsten Bahnhof. Sie hatte 15 US-Dollar in der Tasche. Dieser Betrag reichte nur für ein Ticket nach Washington, für sie und ihr Fahrrad. Spätabends im Oktober 1940 kam sie in Washington an, mit zwei Dollar in der

Tasche. Eine Putzfrau am Bahnhof, der sie von ihrem Schicksal erzählt hatte, bot ihr an, dass sie die Nacht auf einer Liege in einem Kämmerchen hinter den Toilettenräumen verbringen könne. Sie sollte nur vor sechs Uhr morgens wieder verschwinden, denn da endete ihre Schicht. Sie nahm das Angebot an. Da sie ungeheuer durstig und hungrig war, ging sie noch zu einem gegenüberliegenden Drugstore und kaufte sich von ihrem letzten Geld ein Soda und ein Sandwich. Sie setzte sich kurz hin und sah auf die nächtliche Straße. Sie hatte kein Geld mehr, keine Bleibe und keine Vorstellung, was sie nun machen sollte.

Margarete Schön wurde am 8. März 1923 in Wien geboren. Sie lebte mit ihrer Familie im 3. Bezirk in der Marxergasse. Ihr Vater Alexander »Sandor« Schön stammte aus der Stadt Sátoraljaújhely in Ungarn, wo er 1889 geboren wurde, das örtliche Piaristengymnasium besuchte und nach der Matura nach Budapest ging, um Technik (Mathematik) zu studieren. Nach dem Studium arbeitete er für die k. u. k. Eisenbahnen.

Ihre Mutter Elvira, geborene Kohn, kam aus Vinkovci im heutigen Kroatien. Sie war äußerst musikalisch, erlernte das Klavierspielen und wollte Pianistin werden. Sandor und Elvira haben 1915 geheiratet und sind 1919 nach Wien übersiedelt. Dort hatte Sandor Schön ein Textilgeschäft in der Rotenturmstraße übernommen, das seinem Schwiegervater Josef Kohn gehörte. Im Jahr 1921 kam Herbert zur Welt, Margarete 1923.

Sie besuchte die Hauptschule und danach die Handelsschule in der Akademiestraße in Wien. Ihre Freizeit verbrachte sie meist bei der Hakoah, dem jüdischen Sportverein. Sie war (und ist) eine ausgezeichnete Schwimmerin

und konnte stundenlang ihre Längen ziehen, entweder im Dianabad oder im Sommer im Stadionbad. Die Saisonkarte, die sie jedes Jahr von ihren Eltern bekam, war für sie sehr wichtig. Es war aber auch eine der wenigen Geschenke, die sie von ihren Eltern bekam. Sie stand in diesen Jahren immer im Schatten ihres Bruders, der von den Eltern bevorzugt wurde. Sie fühlte sich als »ugly duckling«, als das hässliche Entlein der Familie. Ihrem Bruder Herbert wurden viel mehr Möglichkeiten eröffnet, er wurde bereitwilliger unterstützt. Als er in der vierten Klasse Gymnasium durchfiel, konnte er durch Kontakte seines Vaters – über die zionistische Bewegung »Betar« – seinen Plan, Schiffskapitän zu werden, verwirklichen, und er bestieg 1936 in Civitavecchia ein Schiff dieser Bewegung, um das Navigieren zu lernen. Sie hat ihren Bruder, nachdem er sich von der Familie verabschiedet hatte, nur mehr sehr selten gesehen.

Im Jahr 1938 hat sich das Leben der Familie grundsätzlich geändert. Nach dem »Anschluss« mussten sie sich schnell überlegen, wie sie am besten weiter vorgehen sollten. Es war ihnen von Anfang an klar, dass der Nazi-Terror lange andauern und für die Juden böse enden würde. Da von den sechs Geschwistern ihres Vaters Sandor aus Sátoraljaújhely zwei in die Vereinigten Staaten ausgewandert waren, beschlossen ihre Eltern, Margarete zu ihren Onkeln Joschka und Bert zu schicken. Die Eltern selbst flüchteten 1939 nach Ungarn und versuchten, im Untergrund zu überleben.

Mit 15 Jahren bestieg Margarete Schön in Bremerhaven die MS Europa mit Ziel New York City, um der Verfolgung durch die Nazis zu entgehen. Die meiste Zeit der Überfahrt war sie seekrank und konnte nichts essen, aber die

»Kinophantasien«, die sie vom Land der unbegrenzten Möglichkeiten in ihrem Kopf hatte, machten die Seereise doch noch halbwegs erträglich. Am Pier von New York erwarteten sie Joschka und Bert, und ihre Ankunft war zuerst einmal von einem lauten Streit der Brüder gekennzeichnet. Denn es war zwischen ihnen noch gar nicht ausgemacht, von welcher Familie sie nun aufgenommen werden würde. Nicht, dass es darum ging, wer sie aufnehmen dürfe, sondern darum, wer sie aufnehmen müsse. Sie kam zu Onkel Bert und seiner Familie in Irvington in New Jersey. Dass sie nicht wirklich willkommen war, spürte sie vom ersten Tag an. Kein Familienmitglied kümmerte sich um sie. Sie besuchte eine Highschool, konnte aber wegen noch mangelnder Englischkenntnisse nicht aufsteigen. Eine Lehrerin der Schule nahm sich ihrer an und brachte ihr mit einem privaten Intensivkurs innerhalb von sechs Monaten die Sprache bei. Sie war einsam, fühlte sich entwurzelt und zu der Zeit auch, wie sie erzählt, noch zu wenig flexibel, um sich auf die neue Umgebung, die Situation einzustellen. Sie vermisste einfach die Kultur und die Musik in Wien. Sie war vor der Verfolgung gerettet, dafür aber unglücklich. Sie musste dieses Umfeld, wo sie mit Berts Familie lebte, verlassen. Daher sagte sie ihrem Onkel, dass sie zu Joschka gehen würde. Was sie auch tat. Joschka lebte mit seiner Frau in der Amsterdam Avenue in Manhattan. Jedoch verbesserte sich ihre Situation durch den Umzug keineswegs. Obwohl Joschka herzlicher war, war seine Lebenssituation viel trister als die seines Bruders. Er wohnte in einer miefigen Absteige und konnte mit seinem Geschäft gerade so viel verdienen, dass er sich, seine Frau und Tochter Lilli über die Runden brachte. Für sie war es so etwas, wie vom Regen in die Traufe zu kommen. Ihr war klar, dass die einzige Möglichkeit aus dieser Tristesse zu entfliehen, darin bestand, einen Job zu finden. In einer Zeitung entdeckte sie das Inserat einer Familie mit einem Hotel in den Catskills, die eine Nurse, ein Kindermädchen, suchte. Sie bewarb sich und log beim Vorstellungsgespräch, dass sich die Balken bogen: Ja, natürlich habe sie schon viel Erfahrung in der Kinderpflege und ja, natürlich sei sie schon über 18 Jahre alt.

Sie bekam den Job und zog in das Hotel Evans bei Loch Sheldrake.

Die Familie hatte zwei kleine Kinder. Marty, ein Baby von zwei Monaten und den zweijährigen Steve. Zum Glück schulte sie ihre Vorgängerin ein, sodass sie zumindest die Grundbegriffe der Kinderbetreuung mitbekam. Von Juli bis September war sie Tag und Nacht mit den Kindern beschäftigt. Die Eltern kümmerten sich kaum um die Kinder, sie hatten zu sehr mit der Leitung des Hotels zu tun. Es war ein 24-Stunden-Dienst für sie, sieben Tage die Woche, für zehn Dollar pro Woche. Lediglich am Samstag hatte sie eine halbe Stunde Freizeit, die sie nutzte, um im Pool des Hotels zu schwimmen. Nach der Saison, Ende September, stand die Frage im Raum, was sie nun weiter machen würde. Die Familie besaß zwar noch ein Hotel in Miami, aber für die Wintersaison in Florida suchte sie ein Kindermädchen, das auch kochen konnte. Und damit konnte sie nicht dienen. Aber sie fanden keine geeignete Nachfolgerin und daher beschlossen sie, Margarete doch nach Miami mitzunehmen.

Das Leben in Miami war an und für sich sehr angenehm. Die Kinder vertrauten ihr bereits, sie konnte gut mit ihnen umgehen und hatte auch mehr Zeit, um im Meer zu schwimmen. Doch im März passierte etwas Unerklärliches: Die Mutter der Kinder verschwand von einem Tag auf den anderen. Niemand wusste – oder man wollte es ihr nicht sagen – wohin. Sie versuchte das Leben mit den verunsicherten Kindern weiterzuführen. Bis eines Abends der Ehemann zu ihr ins Zimmer kam, angetrunken, und versuchte, sie zu vergewaltigen. Sie konnte ihn abwehren und lief schreiend aus dem Haus. Es war ihr klar, sie musste weg.

Nun saß sie in einem Drugstore in Washington und wusste nicht mehr weiter. Plötzlich kam ein Arzt aus dem nahegelegenen Spital in das Geschäft. Irgendwie kamen sie ins Gespräch, und es stellte sich heraus, dass er aus Österreich kam. Er nahm sie mit nach Hause, und sie konnte zumindest einmal auf der Veranda schlafen. Schon am nächsten Tag machte sie sich wieder auf die Suche nach einer Anstellung. Was sich aber als ziemlich schwierig herausstellte, denn durch ihre abrupte Flucht aus Miami hatte sie natürlich keine Zeugnisse oder Empfehlungen. Eines Abends gab die Familie des Arztes eine Dinnerparty und plötzlich stand sie einem Ehepaar aus Wien gegenüber – es waren die Eltern des besten Freundes ihres Bruders. Sie kamen ins Gespräch, und sie empfahlen ihr, sich bei einem Unternehmen eines Freundes zu bewerben, der gerade Leute suchte. So kam sie in ein Trockenreinigungsgeschäft, die »Aristo-Cleaners«. Musste sie zuerst zum Mindestlohn arbeiten, brachte sie es innerhalb weniger Monate zur Geschäftsführerin einer Filiale. Es schien ein solider Posten zu sein, der Ruhe in ihr Leben bringen sollte. Aber.

Im Februar 1942, kurz vor ihrem 19. Geburtstag, heiratete sie einen Mann, den sie nur sechs Wochen zuvor kennengelernt hat. Er war einfach gut zu ihr gewesen und sie hatte sich bei ihm geborgen gefühlt. Nur kurze Zeit später stellte sich heraus, dass Edward Booley Alkoholiker, vorbestraft und auf Bewährung entlassen worden war und zuvor als Strichjunge gearbeitet hatte. Dazu kam noch, dass er bald darauf die Einberufung zur Armee bekam, sie ihre Stelle aufgeben und ihn zu seinem Stützpunkt nach Florida begleiten musste. Sie lebten in einem Wohnwagen in Niceville. Sie begann wieder zu arbeiten, musste erneut ganz unten beginnen. Im Postbüro des Militärs, dann in der Bibliothek. In dieser Zeit bekam sie die amerikanische Staatsbürgerschaft und konnte daher Beamtin bei der Armee werden und wurde als Buchhalterin angestellt. Sie arbeitete damals, bereits getrennt von ihrem Mann, auf dem Keesler Luftwaffenstützpunkt in Mississippi. Es war das Jahr 1945. In diesem Jahr ließ sie sich von ihrem Mann scheiden und erfuhr, dass ihre Eltern überlebt hatten. Sie kontaktierten sie und baten sie, ein Affidavit zu besorgen, da sie ebenfalls in die USA auswandern wollten. Sie beschaffte ihnen das Dokument. Im Dezember 1946 kamen ihre Eltern nach New York. Ein Soldat der Luftwaffe, Jerome Reiss, der sich in sie verliebt hatte und sie immer wieder drängte, ihn doch zu heiraten, brachte sie mit dem Auto nach New York.

Das lang ersehnte Wiedersehen mit ihren Eltern wurde zur Katastrophe. Ihre Eltern machten ihr nur Vorwürfe, die Familie verlassen zu haben, und kritisierten heftig, wie verantwortungslos sie gewesen sei. In der Stunde des Wiedersehens brachten sie ihr nur Abweisung entgegen. Vollkommen konsterniert verließ sie die Wohnung. Sie fühlte sich allein gelassen, ungeliebt und hatte in dem Moment keine Familie mehr. Am nächsten Tag willigte sie ein, Jerome Reiss zu heiraten, obwohl sie ihn nicht liebte –

aber er gab ihr die Nähe, die sie in dieser Situation so notwendig hatte. Sie heirateten so unvorbereitet, dass sie sich vor dem Standesamt ihre Trauzeugen in der anstehenden Schlange suchten. Doch die Ehe verlief auch nicht so, wie sie es sich vorgestellt oder wie Reiss es ihr versprochen hatte. Er wollte für sie sorgen, aber schon nach sechs Wochen forderte er sie auf, sich einen Job zu suchen. Den sie auch fand.

Im Jahr 1950 wurde ihr Mann nach Europa versetzt. Zuerst nach Deutschland, nach Wiesbaden. Bei einer Tanzveranstaltung im Offiziersclub kam sie mit einem Offizier ins Gespräch, der für die Stationierung der Soldaten verantwortlich war. Bei einem Tanz fragte er sie, wo er ihren Mann denn stationieren solle. Es würden zwei Städte zur Auswahl stehen: entweder Regensburg oder – Wien. Es dauerte nur den Bruchteil einer Sekunde, bis sie – sie versuchte betont unaufgeregt zu wirken – Wien sagte.

In ihrer Heimatstadt arbeitete sie im Büro des »Counter Intelligence Corps«, dem Vorläufer der CIA. Eines Tages fand man vor dem Büro ein schwarzes Büchlein mit unlesbarer Schrift. Niemand der Mitarbeiter konnte es entziffern. Sie konnte es, denn es war in Deutscher Einheitskurzschrift verfasst, die sie noch in der Schule gelernt hatte. Mit ihrer Übersetzung konnte ein Doppelspion ausgeforscht werden. Sie wurde befördert. Sie arbeitete nun als »Military Intelligence Analyst« und baute ihr eigenes kleines Spionagenetzwerk in der Donaumetropole auf. Sie sollte herausfinden, welche Truppen und Geräte die sowjetische Armee nach Wien oder ins Umland verlegte. Jeden Tag kontaktierte sie ihre Mittelsmänner in den verschiedenen Kaffeehäusern der

Stadt, bekam von ihnen – oft handgezeichnete – Informationen über diverse Bewegungen im russischen Sektor der Stadt. Bis zum Ende ihrer Stationierung – ihr Mann kehrte schon früher in die USA zurück – war sie als »Field Agent« tätig, und das mit großem Erfolg. Und wäre auch gerne geblieben, denn die vier Jahre in Wien waren die schönsten und aufregendsten ihres Lebens. Sie konnte endlich wieder die Kunst und Kultur der Stadt erleben. Aber ihre Eltern in New York, angestachelt von ihrem Mann, verlangten von ihr, wieder zurückzukommen und die Ehe zu kitten. Sie gehorchte, gegen ihren persönlichen Willen, und kehrte zurück. Die Ehe wurde trotzdem geschieden.

Die folgenden Jahre arbeitete sie in den verschiedensten Berufen, als Übersetzerin für einen Rechtsanwalt, der sich mit Restitutionsfragen beschäftigte, für die Fluglinie United Airlines, war noch einmal verheiratet und geschieden worden, bis sie auf eine Annonce in der New York Times stieß. Das Außenamt suchte Mitarbeiter für Posten im Ausland. Sie bewarb sich, fuhr nach Washington und wurde genommen. Nur wo sollte sie eingesetzt werden? Es standen ihr aufgrund ihrer Erfahrung einige Städte und Länder zur Auswahl, darunter Paris, Indien oder Indonesien. Sie wählte Vietnam. Im Jahr 1963 eine mutige Wahl. Sie war dann fast zwölf Jahre lang in Saigon stationiert (ein Jahr von 1966 bis 1967 arbeitete sie in Tunis). Selbst das einschneidende Ereignis, dass sie im April 1968 einen Angriff auf ihr Auto nur knapp überlebte, bringt sie bis heute nicht davon ab, die turbulenten und kriegerischen Jahre als für sie wichtig zu bezeichnen. Sie schaffte es in diesen Jahren, durch ihre Arbeit gegen ihre Verzweiflung, die sie ob ihres Lebenswegs verspürte, anzukämpfen. Auch als im Oktober 1968 ihr Vater starb und sie wegen einer Hepatitis nicht zu seinem Begräbnis fahren konnte, hatte sie, die immer um die Anerkennung ihrer Eltern gekämpft hat, überwunden. In normalen Zeiten, vertritt sie die Ansicht, hätte sich das Verhältnis zu ihren Eltern wieder eingerenkt. Aber es waren keine normalen Zeiten, es war ein beständiger Kampf ums Überleben. Der Kampf ums Überleben zeigte sich auch an ihrem letzten Tag in Saigon. Mit einem der letzten Helikopter wurde sie am 29. April 1975 evakuiert, als die Stadt schon zur Kampfzone geworden war.

In den folgenden Jahren kam sie etwas zur Ruhe. Etwas. Sie arbeitete noch bis zu ihrer Pensionierung für das Pentagon und lernte da endlich den Mann ihres Lebens kennen. Auf Vermittlung einer Freundin, die sie mit den Worten »Margarete, I've a husband for you!« zu einem Dinner einlud. Sie wollte eigentlich nicht mehr, denn sie hatte einfach schon zu viele Enttäuschungen erlebt und sich in diesen Jahren extrem eingeigelt, lebte abgeschlossen von der Welt. Und doch nahm sie die Einladung an und lernte so John Healy kennen. Sie heirateten 1977.

Dass sie dann mit über siebzig Jahren noch eine Ausbildung zur Steuerberaterin anfing und auch die Prüfung positiv abschloss, überrascht kaum mehr. Sie machte sich dann mit ihrem Mann selbstständig und sie eröffneten eine eigene Kanzlei. Nach fünf Jahren hatten sie mehr als 1000 Klienten. Im Jahr 2002 war dann aber wirklich Schluss mit der Arbeit, die Kanzlei wurde verkauft.

Es war Zeit, die Pension zu genießen. Das Genießen brachte sie immer wieder nach Wien und Österreich. Ihr Mann liebte das Land und die Stadt ebenfalls sehr. Im

Zuge ihrer Besuche waren sie auch regelmäßig nach Baden gekommen. Zuerst haben sie Wohnungen gemietet, aber dann entschlossen sie sich, eine Wohnung zu kaufen. Die Aufenthalte wurden immer länger. Leider erkrankte John Healy, und die Flüge in die Vereinigten Staaten wurden immer mehr zur Belastung für ihn. Man entschied, im Einverständnis mit seinen Kindern, in Baden zu bleiben. Er verstarb im Mai 2011.

Wenn man mit Margarete Schön-Healy spricht und sie über ihr Leben erzählt, dann hofft man unwillkürlich, dass man in späteren Jahren einerseits ebenfalls noch eine solche Energie und Lebensfreude hat, und andererseits so klar und (selbst-)reflektiert über das Leben sprechen kann. Genau weiß, dass man viele Fehlentscheidungen getroffen hat, aber es waren die eigenen Entscheidungen. Und man diese Entscheidungen, wie sie es bezaubernd tut, immer mit einem Lächeln kommentieren kann.

Margarete Schön-Healy ist nach einer fast filmischen Lebensreise in Baden angekommen, sie schätzt die Stadt und die Lebensqualität sehr. Hat auch schon Kontakt zur jüdischen Gemeinde aufgenommen und besucht manchmal deren Veranstaltungen. Wenn sie nicht an ihrer Biografie schreibt, genießt sie wie eh und je das kulturelle Leben in Wien, sieht sich Ausstellungen an oder fährt ganz einfach mal zum Shopping in die Stadt. Und wie sie fährt – dann holt die zierliche Frau ihren großen, schwarzen Cadillac aus der Garage und gleitet mit dem uramerikanischen Gefährt über die Autobahn.

Mödling

Auch in Mödling war es die seit 1840 verkehrende Eisenbahn, die dem Ort sowohl als Industriestandort als auch als Ausflugsziel vor den Toren Wiens weiteren Auftrieb verlieh. Wie Baden, das bis zur Gründung der eigenen Kultusgemeinde zum Sprengel von Mödling gehört hatte, entwickelte sich Mödling zu einem Anziehungspunkt für gut situierte jüdische Familien aus Wien, die zur Entstehung der örtlichen Villenviertel beitrugen. Das Gros der sich seit Mitte des 19. Jahrhunderts in Mödling ansiedelnden Juden war aber, wie in den anderen Gemeinden im Süden von Wien, aus dem Burgenland gekommen. Der seit den 1860er-Jahren bestehende Bethausverein hielt zunächst die Gottesdienste in einem eigenen Betraum ab, bevor 1889 ein Bethaus in einer im Jahr davor angekauften ehemaligen Schlosserei eingerichtet wurde. Für die Bedürfnisse der recht großen Mödlinger Gemeinde genügte dies aber nicht. Zu ihr gehörten wie erwähnt neben Baden bis 1892 auch die heute zu Wien gehörigen Orte Mauer, Atzgersdorf und Liesing. Außerdem fielen in den Mödlinger Sprengel unter anderem Pertchtoldsdorf, Schwechat und Bruck an der Leitha, wo es einen eigenen Betsaal gab. So wurde der Bau einer Synagoge in Angriff genommen. Diese entstand schließlich im Garten des 1888 für das Bethaus angekauften Grundes und wurde ab 1913 genutzt. Das Mödlinger Bethaus wurde 1926 adaptiert und ein Festsaal, Wohnungen für den Rabbiner und den Hausmeister sowie Verwaltungsräume eingerichtet. Die letzten Ruinen der beim Novemberpogrom 1938 in Brand gesteckten Synagoge und des ehemaligen Bethauses wurden 1987 abgerissen. Erhalten blieb nur das Hoftor der Synagoge, es wurde vom Gymnasium Mödling-Bachgasse gerettet. In Bruck an der Leitha bestand zudem in den ersten beiden Jahren des Ersten Weltkrieges ein Barackenlager, in dem über dreitausend jüdische Flüchtlinge aus Galizien untergebracht waren. Die östlichste Provinz der Österreichisch-Ungarischen Monarchie war von der russischen Armee zu Kriegsbeginn teilweise überrannt worden. In dem Lager befand sich ein hölzernes Bethaus, das sich in seinem Aussehen an den hölzernen Synagogen Osteuropas anlehnte. Nachdem im Herbst 1915 die jüdischen Flüchtlinge nach Galizien zurückkehren konnten, wurde der einfache Zweckbau in eine Kirche umgewandelt, um nur wenig später, nach Ende des Ersten Weltkrieges, samt den Resten des Lagers abgerissen zu werden.

Ruth Fuchs
Mödling

Es war nur eine Frage von wenigen Jahren, bis sie ins kalte Wasser würde springen müssen. Das war in dieser Familie so sicher, wie das Amen im Gebet. Denn ihr Vater war Karl Haber. Jener Karl Haber, der unmittelbar nach dem Ende des Zweiten Weltkrieges und seiner Rückkehr aus der Schweiz nach Wien versuchte, das arisierte Areal des SC Hakoah zurückzubekommen. Vergeblich, aber nichtsdestotrotz gelang es ihm, einige Sektionen des einstmals – in den 1920er- und 1930er-Jahren – größten Sportvereins der Welt zu aktivieren. Darunter die Schwimmsektion. Da durfte dann natürlich auch seine Tochter Ruth nicht fehlen. Schon mit vier Jahren brachte er ihr, die 1946 in Wien geboren wurde, das Schwimmen bei. So wurde die Hakoah für Ruth Fuchs, geborene Haber, seit Kindesbeinen zu einem bestimmenden Freizeitfaktor. Sehr gerne erinnert sie sich noch immer an die Clubabende am Mittwoch, oder an die gemeinsam mit anderen Jugendlichen verbrachten Ferienwochen in einer eher spartanischen Hütte der Hakoah am Semmering. Sie nahm erfolgreich an einigen Schwimmmeisterschaften teil. Als sportlichen wie emotionalen Höhepunkt erachtet sie ihre Teilnahme an der Makkabiade, der größten internationalen jüdischen Sportveranstaltung, die ähnlich wie die Olympischen Spiele konzipiert ist, in Israel im Jahr 1961.

Sie besuchte zuerst das Gymnasium Stubenbastei und absolvierte danach die Handelsakademie am Karlsplatz. Sie arbeitete jahrzehntelang für internationale Handelsfirmen, zuletzt für die Niederlassung eines israelischen Unternehmens in Wien. Im Jahr 1970 zog sie mit ihrem

Ehemann Robert Fuchs nach Mödling. In ein Haus, in dem auch ihr Bruder, der Sportmediziner und jetzige Präsident der Hakoah Paul Haber, wohnt.

Solange sie täglich zur Arbeit nach Wien pendelte, war Mödling für sie ihr Wohnort. Mit der Geschichte der jüdischen Gemeinde der Bezirkshauptstadt begann sie sich erst intensiver zu beschäftigen, als sie zu arbeiten aufhörte. Einschneidendes Erlebnis war für sie die Mitarbeit anlässlich der 1100-Jahr-Feier von Mödling. Denn die Stadtregierung wollte zu diesem Jubiläum auch an die Geschichte der jüdischen Gemeinde erinnern. So entstand der Plan, ehemalige jüdische Bewohner der Stadt einzuladen. Ruth Fuchs recherchierte in verschiedenen Archiven die Namen der Familien und suchte nach Emigranten oder deren Nachkommen. So gelang es ihr und anderen Mitarbeitern der Gemeinde vom 23. bis 26. Oktober 2003 mehr als dreißig Jüdinnen und Juden zum Jubiläum nach Mödling einzuladen. Für die meisten von ihnen war es das erste Mal, dass sie entweder wieder in ihre Heimatstadt zurückkehrten, oder für Nachkommen das erste Mal, dass sie die Stadt ihrer Vorfahren besuchen konnten. Seitdem engagiert sich Ruth Fuchs in der Aufarbeitung der Geschichte der jüdischen Gemeinde, wie bei der Errichtung des Mahnmals am Platz der ehemaligen Synagoge Mödlings, die wie fast alle Synagogen und Tempel in Österreich in der Reichspogromnacht im November 1938 zerstört und deren Ruinen 1987 abgerissen wurden. Dieses Mahnmal vom Künstler Karl Nowak wurde am 26. Oktober 2003 eingeweiht. Die Skulptur zeigt einen achtarmigen geknickten Leuchter, der die Verfolgung und Leiden der jüdischen Bevölkerung symbolisiert.

Ein anderes Projekt, das Ruth Fuchs in Mödling mitver-

folgte, war die Verlegung der »Stolpersteine« des deutschen Künstlers Gunter Demnig. Seit dem Jahr 2006 wurden vor Gebäuden, in denen Juden gewohnt haben und die ab 1938 von den Nationalsozialisten deportiert und ermordet worden waren, mehr als dreißig dieser Erinnerungssteine platziert. Ob es weitere Steine geben wird, hängt einerseits von der Finanzierung – sowohl von öffentlicher als auch von privater Seite –, und andererseits von der Bereitwilligkeit der Immobilienbesitzer und -verwalter ab, denn manch einem ist es nicht recht, daran erinnert zu werden, was mit den jüdischen Mitbürgern passiert ist, und dass in den meisten Fällen das Gebäude arisiert wurde.

Ruth Fuchs beschäftigt sich in den letzten Jahren intensiv mit ihrem »Jüdischsein«, ist stolz darauf Jüdin zu sein und nimmt aktiv am Leben der Wiener Kultusgemeinde teil. Sie bezeichnet sich selbst als nicht sehr religiös, aber nimmt doch relativ regelmäßig an Gottesdiensten teil. Und diese besucht sie nicht nur in Wien, sondern auch in der Synagoge in Baden, der einzigen noch aktiven jüdischen Gemeinde in Niederösterreich. Beim Wiederaufbau und der Reaktivierung der Gemeinde in Baden hat sie sich ebenfalls, gemeinsam mit ihrer Mutter Sophie Haber und ihrem Sohn Daniel, engagiert. Auch mit dem Wissen, dass der Wiederaufbau in Baden einzigartig in Niederösterreich bleiben wird, denn wie ihr das Beispiel Mödling zeigt, wird zwar für das Erinnern und Gedenken etwas getan, aber niemand bringt Energie dafür auf, wieder eine jüdische Gemeinde zu etablieren.

Neunkirchen

Seit 1867 bestand in Neunkirchen ein Minjan-Verein. Die Gottesdienste wurden zunächst in einem Wirtshaus abgehalten, in dem dafür ein Zimmer im oberen Stockwerk angemietet worden war. Seit 1897 gab es offiziell eine Chewra Kadischa, auch wenn diese wohl schon seit Beginn der jüdischen Ansiedlung im Ort bestand.

Auf einem 1883 erworbenen Areal wurde schließlich die Synagoge errichtet. Während der ganzen Zeit des Bestehens der Gemeinde in Neunkirchen war die Anstellung eines eigenen Rabbiners, wie für andere kleinere Gemeinden auch, ein finanzielles Problem. Da ein Rabbiner aber durch das Israelitengesetz von 1890 vorgeschrieben war, konnte man Rabbiner aus anderen Gemeinden sozusagen »mitanstellen«. Bereits ab 1870 gab es ein eigenes Bethaus mit beheizbarer Mikwe – eine Besonderheit für ein privates Bethaus – in Krummbach in der Buckligen Welt und seit 1873 ein Bethaus in Gloggnitz im Sprengel der Kultusgemeinde. Die Synagoge in Neunkirchen wurde erst im Jahr 1984 abgerissen.

Wiener Neustadt

In kürzester Zeit war in Wiener Neustadt nach 1848 eine Gemeinde entstanden. Die Gottesdienste wurden zunächst in einem privaten Wohnhaus, dann in einem angemieteten Gasthausraum und ab 1853 in einem eigenen Bethaus abgehalten.

1869 wurde in Wiener Neustadt ein Vorstand für die neue Kultusgemeinde gewählt. Die Gemeinde entwickelte sich rasch, sodass Wiener Neustadt hinter Baden und Mödling vor 1938 mit etwa 870 Personen die nächstgrößere Gemeinde in Niederösterreich darstellte. Betrachtet man rein die Bevölkerungszahl des Stadtgebiets, war Wiener Neustadt hinter Baden die zweitgrößte jüdische Gemeinde Niederösterreichs. Es entstand ein dichtes Netz aus Vereinen und religiösen Einrichtungen, unter anderem mit einem Bethaus, das 1870 in einer Remise entstanden war, die zu einer Schmiede gehört hatte und 1895 eine Filiale erhielt. 1902 wurde schließlich die große Synagoge errichtet. Um die große Rosette mit Davidstern war der Jesaja-Vers »Mein Haus wird ein Haus des Gebets für alle Völker genannt werden« zu lesen. Über dem darüber angebrachten Bogen befanden sich, als höchster Teil des Gebäudes, die Gesetzestafeln Mose. Sehr früh hatten sich auch in Erlach, südlich von Wiener Neustadt, Juden angesiedelt. Auf dem Grundstück eines jüdischen Weinhändlers wurde ein Bethaus errichtet, in dem sich auch die Gläubigen aus den umliegenden Orten wie Lanzenkirchen oder Walpersbach einfanden.

Das Viertel ober dem Manhartsberg (Waldviertel)

Horn

Um die Mitte des 19. Jahrhunderts waren die ersten jüdischen Familien nach Horn gezogen, denen bald weitere folgten. Manche kannten den Bezirk Horn bereits aus den Jahren davor, in denen sie als Hausierer dort Handel betrieben, sich jedoch nicht ansiedeln durften. 1863 bestand bereits die »ständige israelitische Betgenossenschaft«, die aber vermutlich schon früher gegründet worden war und die aus der 1873 die »Israelitische Cultus-Gemeinde in Horn« hervorging. Die Gottesdienste fanden in einer dafür gemieteten Wohnung statt. Ein erster Friedhof wurde nahe den Gräbern preußischer Soldaten, die im Jahr 1866 an der Cholera gestorben waren, angelegt. Aufgrund der großen Entfernung zur Stadt wurde er aber bald nicht mehr belegt. 1873 wurde ein neues Areal erworben, fünf Jahre später auch ein kleines Leichenhaus errichtet. 1913, nach dem Erwerb von mehreren benachbarten Gründen, wurde eine größere Halle erbaut. Ein eigenes Haus, in dem eine Synagoge eingerichtet wurde, konnte erst 1903 angekauft werden. In die Synagoge waren auch Mikwe und Herberge integriert, zugleich

Frontseite des jüdischen Friedhofs in Horn

wurde sie als Lehrhaus genutzt. Für einige Jahre, von 1890 bis 1902, gehörte auch die nachmalige Kultusgemeinde von Hollabrunn zu Horn. An den Schulen von Horn, auch dem dortigen Gymnasium, sowie von Eggenburg hielt der Rabbiner jüdischen Religionsunterricht. Ab 1907 bestand für einige Jahre auch ein koscheres Wirtshaus.

Krems

In Krems, das ja bereits im Mittelalter eines der jüdischen Zentren Niederösterreichs gewesen war und das durch seine Märkte jüdische Händler anzog, gab es besonders früh – schon im Revolutionsjahr 1848 – ein eigenes Bethaus. Nur drei Jahre davor war gegen einen Kremser noch eine Geldstrafe wegen »verbotener Beherbergung von Juden« verhängt worden. 1851 wurde um die Errichtung eines Betvereins angesucht. 1860 entstanden hier und in Kemmelbach die ersten beiden Kultusgemeinden Niederösterreichs, damals als »Israelitische Religions-Genossenschaft« bezeichnet.

Nur eine kurze Episode war das Bestehen einer eigenen Kultusgemeinde in Etsdorf am Kamp in den Jahren um 1875. 1894 wurde schließlich die Synagoge eröffnet, deren Bau zwei Jahre davor begonnen hatte. Architekt der Synagoge war der aus Proßnitz in Mähren stammende Max Fleischer gewesen, der gerade für seine Synagogenbauten bekannt war. Bei dem Bau der historistischen Synagoge orientierte sich Fleischer besonders an Renaissance-Vorbildern. Abgerissen wurde die Synagoge 1978.

Außer an den hohen Feiertagen, zu denen genügend Juden aus den Waldviertler Orten des Kultussprengels anreisten, war es nach dem Ersten Weltkrieg mitunter schwierig, die zehn Männer für den Minjan zusammenzubekommen und auch die finanzielle Situation der Gemeinde war durch die starke Abwanderung jüdischer Familien aus Krems prekär. Neben der Synagoge war das zionistische Heim Krems ein weiteres Zentrum des jüdischen Lebens der Stadt. Besonders das Gesellschaftsleben spielte sich dort ab. Feste, Geburtstage und Hochzeiten wurden gefeiert und man spielte Theater. Außerdem hatte die jüdische schlagende Studentenverbindung »Makkabi« dort ihren Sitz.

Waidhofen an der Thaya

Flächenmäßig besonders groß war die Israelitische Kultusgemeinde von Waidhofen an der Thaya, der auch die Bezirke Zwettl, Weitra, Gmünd und Allensteig angehörten. Dementsprechend groß war auch die Verteilung der Mitglieder über den Sprengel. Eine eigene Gemeinde in Waidhofen, dem wichtigsten Zentrum des oberen Waldviertels, gab es ab 1882. Der Betraum wurde in einem Haus, das sich im Besitz des Vizepräsidenten der Kultusgemeinde befand, eingerichtet. Geweiht wurde er erst 1896. Eine Chewra Kadischa war 1895 entstanden. 1901 konstituierte sich der »Israelitische ReligionsSchulverein«. Die Größe des Gebiets machte es notwendig, dass die Kultusgemeinde Religionslehrer beschäftigte, die als Wanderlehrer umherreisten. So war es auch hauptsächlicher Zweck des Vereins, der Kultusgemeinde finanziell unter die Arme zu greifen.

In Zwettl, das bis zur Errichtung der Waidhofener zur Kremser Kultusgemeinde gehört hatte, war Ende der 1860er-Jahre eine Betgemeinschaft entstanden. Vor 1848 finden sich Beschwerden über jüdische Hausierer aus

Böhmen, die in Zwettl Warenlager errichtet hatten. Der erste jüdische Händler, der später ständig in Zwettl wohnte, lässt sich 1852 nachweisen, jedoch taucht er in den ersten Jahren nur durch erfolglose Versuche auf, in Zwettl sein Geschäfte mit Branntwein behördlich genehmigt zu betreiben beziehungsweise sich dort anzusiedeln. Erst fünf Jahre später konnte er seine Geschäfte offiziell als Essigerzeuger und Branntweinhändler in Zwettl ausüben. Seit Ende der 1860er-Jahre bestand in Zwettl eine kleine Gemeinde. Es existierte ein Betraum, doch wurde das Gebäude und damit der Betraum Ende des 19. Jahrhunderts abgerissen. Als neue Herberge diente ein Wirtshaussaal. In den 1880er-Jahren war der bekannte antisemitische Politiker Georg Ritter von Schönerer zum zweiten Mal in den Zwettler Gemeindeausschuss gewählt worden. Er forderte 1885 in einer Resolution unter anderem, die Ansiedlung von Juden zu verbieten beziehungsweise zu erschweren. 1934 lebten in Zwettl nur noch elf Jüdinnen und Juden, in Waidhofen, dem Sitz der Kultusgemeinde, waren es nur um neun mehr. Wenig mehr wohnten in Litschau und Heidenreichstein, lediglich in Gmünd lebten noch vierzig Juden, was das Gemeindeleben erheblich einschränkte. In Waidhofen und Zwettl befanden sich die jüdischen Friedhöfe des Sprengels. Der in Waidhofen wurde erst 1892 angelegt, der jüdische Friedhof Zwettls existierte bereits zehn Jahre früher.

Jitschak Passweg
Heidenreichstein

Die Stadtgemeinde Heidenreichstein liegt im nordwest-
lichsten Zipfel von Niederösterreich. Zur tschechischen
Grenze sind es gerade einmal zwölf Kilometer und die
Distanz von Wien nach Heidenreichstein ist in etwa gleich
groß, wie von Tel Aviv in die Stadt Tiberias am See Gene-
zareth in Israel. Und in dieser doch entlegenen Ecke lebt
seit vierzig Jahren Jitschak Passweg mit seiner Familie.

Was verschlägt einen am 14. November 1945 in Rechovot
in Israel geborenen Juden in diesen Winkel von Niederösterreich?

Es begann mit einer Flucht. Der Flucht seines Vaters
Josef, der 1938 bald nach dem »Anschluss« Österreichs
auf einem Frachtschiff von Griechenland aus nach Palästina geflohen war. Seine Eltern und ein Bruder konnten den
Nationalsozialisten nicht entkommen, sie wurden ermordet. Ein weiterer Bruder, Jakob Passweg, der Eigentümer
der Liliput-Bahn im Prater, überlebte die Schreckensherrschaft des Nazi-Regimes. Josef Passweg arbeitete zuerst
in einem Kibbuz, kam dann nach Holon, wo er Strickwaren
erzeugte – der Beruf, den er schon in Wien ausgeübt hat.
Im Jahr 1943 heiratete er Jafa Awigani. Die Familie lebte
mit ihren Söhnen Jitschak, Benzion, 1948 geboren, und
Miron, 1953 geboren, in Tel Aviv und war davon überzeugt, dass der neu gegründete Staat Israel ihre Heimat
bleiben würde. Eine Augenkrankheit von Benzion machte
ihnen aber einen Strich durch die Rechnung. Die notwen-
dige Operation war damals nur in Wien möglich, und
selbst bei einem Erfolg der Operation war es abzusehen,
dass das Augenlicht des Bruders durch das Klima in Israel

weiter gefährdet sein würde. Zuerst kehrte Josef Passweg 1959 mit seinem Sohn für die Operation nach Österreich zurück. Nachdem sie ihren Hausstand in Israel aufgelöst hatten, folgte Jitschak mit seiner Mutter und Miron nach. Für sie war es außerordentlich schwer ihr Heimatland zu verlassen, nicht nur wegen der Sprachbarriere, die sie zu überwinden hatte.

Jitschak Passweg hat in Tel Aviv bereits eine Fachschule für Textilerzeugung besucht. In St. Pölten, wo sich die Familie nach ihrer Ankunft im Jahr 1960 ansiedelte, absolvierte er eine Lehre bei der Firma Schüller, wo er dann ab 1965 auch als Strickmeister arbeitete.

Der folgende Berufsweg von Jitschak Passweg gleicht einer Odyssee. Nach seiner Stelle in St. Pölten kam er nach Wien. Dort lernte er bei der Firma Quick Kornelia kennen und lieben. Diese Beziehung sahen seine Eltern nicht gerne, denn Kornelia war nicht jüdisch. Über Kontakte seines Vaters wurde er für ein Jahr nach Berlin gesandt. Die Eltern hofften, dass sich über die Distanz das Verhältnis abkühlen und er vielleicht eine andere Frau kennenlernen würde. Mitnichten, denn die beiden trafen sich jedes Mal, wenn er auf Besuch in Wien war. Kornelia entschloss sich zur Konversion. Bald nach der Rückkehr Jitschak Passwegs nach Wien, heirateten die beiden – mit dem Einverständnis seiner Eltern. Ein Jahr arbeitete er dann noch bei der Firma Altmann in Wien, doch im Jahr 1973 bekam er das Angebot der Firma Piering als Produktionsleiter nach Heidenreichstein zu gehen. Das erste Jahr pendelte er noch zwischen Wien und dem entlegenen Waldviertler Ort. Doch dann zog er mit seiner Frau und den Kindern Günter und Manuela nach Heidenreichstein. Im Jahr 1978 wurde noch Sohn Mario geboren. Kaum waren sie dort

eingezogen, musste er seinen Präsenzdienst ableisten und war damit wieder von seiner Familie getrennt. Bald nach der Rückkehr in die Firma, wurde die Produktion nach Târgo Jiu in Rumänien verlegt. Und er nahm das Angebot der Geschäftsführung an, im Auftrag des Unternehmens als Betriebsleiter dorthin zu gehen.

Nach dem Jahr in Rumänien kehrte er in den Betrieb in Heidenreichstein zurück, der jedoch nach zwei Jahren in Konkurs ging. Daraufhin übersiedelte er in die Zentrale des neuen Eigentümers nach Rankweil in Vorarlberg und war dort in der Strumpfproduktion als Betriebsleiter beschäftigt. Doch relativ weit entfernt von seiner Familie.

Im Jahr 1983 folgte er aber einem Ruf aus Heidenreichstein. Es wurde damals gemeinsam mit dem Sozialministerium ein Projekt entwickelt, die in Konkurs gegangene Strumpfproduktion der Stadt wieder aufzubauen. Es sollte ein Betrieb mit Selbstverwaltung sein und Jitschak Passweg sollte das, gemeinsam mit den ehemaligen Mitarbeitern, bewerkstelligen. Eine Herausforderung, die er sehr gerne annahm. Er kaufte über Kontakte günstige Maschinen in der Schweiz und akquirierte Kunden in Wien. Offiziell wurden die Heidenreichsteiner Textilwaren, vorerst ein Verein an dem die Mitarbeiter beteiligt waren, am 2. Januar 1984 eröffnet. Die Heidenreichsteiner Textilwaren hatten in ihrer Blütezeit bis zu 35 Mitarbeiter. Bis zum Jahr 2000, als der Absatz der Produktion um sechzig Prozent einbrach. Doch nach einem Ausgleich konnte Jitschak Passweg den Betrieb noch bis 2006 mit 19 Beschäftigten weiterführen. Dann wollte die Bank nicht mehr mit allen Beteiligten verhandeln, sondern nur mehr mit einem Geschäftsführer. In dem Jahr gründete er die Passweg KG, die den Betrieb übernahm. Bis zu seiner

Pension und der Liquidierung des Unternehmens im Jahr 2008 produzierte man Trachtenstrümpfe für verschiedenste Abnehmer.

Das Ende der Strumpfproduktion? Nein, nicht wirklich. Besucht man Jitschak Passweg in seinem Refugium, wie man die noch immer funktionsfähige Produktionsstätte nennen könnte, dann muss man ihn tatsächlich erst einmal suchen. Denn lassen kann er von der Produktion von Strümpfen bis heute noch nicht, steht hinter einer der Maschinen und spannt entweder frisches Baumwollgarn ein, oder kontrolliert den Strickprozess. Zurück zu seinen Anfängen als Strickmeister sozusagen. Er bezeichnet sein Tun nun als Hobby, beliefert noch kleine Abnehmer mit seinen Produkten. Aber wie lange noch?

Er lässt noch einmal sein Leben in Heidenreichstein Revue passieren. Das Ankommen der Familie in diesem Ort, wo man zuerst einmal den Nimbus des Fremden, des »Zuagroasten« zu überwinden hatte. Das Jüdischsein spielte da keine besondere Rolle, wurde im sozialen Umfeld erst hinterfragt, als man sich nach seinem Vornamen und seiner Herkunft erkundigte. In der Abgeschiedenheit, fernab jedweder jüdischer Infrastruktur, haben er und seine Frau zumindest versucht, die Feiertage einzuhalten. Jetzt in der Pension stellt sich für ihn und seine Frau die Frage, wieder nach Wien zurückzukehren, da auch mittlerweile ihre Kinder nicht mehr in Heidenreichstein leben. Auf jeden Fall äußert seine Frau diesen Wunsch immer häufiger. Ob sich Jitschak Passweg von seinen Maschinen, seinem Hobby, trennen kann und den Wunsch seiner Frau, die für die berufliche Odyssee ihres Mannes, wie er betont, ungemein viel Verständnis aufgebracht hat, erfüllt, wird die nahe Zukunft weisen.

Das Viertel ober dem Wienerwald (Mostviertel)

Amstetten

Ursprünglich war die Gemeinde, wie erwähnt, in der kleinen Ortschaft Kemmelbach entstanden. Bereits dort verfügte sie über eine, an ihrer frühen Entstehung und ihrer Größe gemessen, überraschend gute Infrastruktur. Es gab ein Bethaus, eine jüdische Volksschule, es gab einen Kantor, Schächter sowie Lehrer, und man hatte – was wesentlich größere Gemeinden noch Jahrzehnte später vor Probleme stellen sollte – einen eigenen Rabbiner. Diese frühe Infrastruktur konnte aber nicht lange in vollem Umfang beibehalten werden. Sowohl Schule als auch Bethaus wurden geschlossen. 1855 wird auch ein Raum zur »Religionsausübung« der Juden von Petzenkirchen genannt. Der erste Friedhof war in Griesheim bei Ybbs angelegt worden. Anfang der 1880er-Jahre übersiedelte der Sitz der Gemeinde nach Ybbs, wo es ein Bethaus gab und der Großteil der Angehörigen der Kultusgemeinde lebte. Nachdem der Rabbiner Adolf Löwy 1897 von Ybbs nach Amstetten gezogen war, änderte die Kultusgemeinde ihren Namen. Der Plan des Baus einer eigenen Synagoge, für die 1910 ein Grundstück erworben wurde, konnte nie in die Tat umgesetzt werden. Es gab auch in anderen Orten, die zum Sprengel der große Teile des Mostviertels umfassenden Kultusgemeinde gehörten, weitere Beträume wie in Scheibbs, Mank oder Purgstall. War in den Anfängen der Gemeinde die Organisation noch sehr dicht gewesen, so litt sie besonders nach dem Ersten Weltkrieg. Die sehr kleine Gemeinde konnte sich ab Beginn der 1920er-Jahre keinen eigenen Rabbiner mehr leisten, sodass Rabbiner zuerst aus St. Pölten, dann aus Linz und schließlich aus Wien die Gemeinde mitbetreuten, jedoch aufgrund der größer werdenden Entfernung von den jeweils anderen Wirkungsorten immer seltener nach Amstetten kamen.

St. Pölten

Schon 1851 existierte in St. Pölten ein Betraum, der in einer ehemaligen Manufaktur untergebracht war. Acht Jahre später entstand nach längeren Streitereien mit den Behörden der erste Friedhof. Es wird erwähnt, dass sich bereits 1853 eine Gemeinde gebildet hätte, deren Statuten jedoch noch nicht genehmigt worden waren. Ab 1863 bestand die »Israelitische Religionsgenossenschaft« als Vorgänger der Israelitischen Kultusgemeinde St. Pölten (1892). Zwischenzeitlich wurde auch ein Haus auf dem Gelände der Manufaktur, auf dem sich bereits der Betraum befunden hatte, als Synagoge genutzt. Der Umbau des Gebäudes zur Synagoge gestaltete sich recht aufwendig. Schon 1888 kam der Gedanke an einen Neubau auf, der aber nicht leicht zu realisieren war, schon allein aufgrund der Widerstände der Stadtverwaltung. Dies änderte sich erst 1903, als die Stadt St. Pölten eine Neugestaltung der Straße, an der die Synagoge lag, plante. Die Synagoge stand aber auch genau im Straßenverlauf, der zukünftig einge-schlagen werden sollte. So kam es zu langwierigen Pla-nungen rund um den nun örtlich versetzten Neubau der Synagoge. Um dessen Finanzierung und die prächtige Innengestaltung – etwa die aufwendigen Vergoldungen – gewährleisten zu können, kam es zu groß angelegten Spendenaktionen. 1912 wurde schließlich mit dem Bau der Synagoge im Jugendstil begonnen. Gut ein Jahr später wurde sie eröffnet.

Zum Sprengel der St. Pöltner Gemeinde gehörten auch Neulengbach und Wilhelmsburg, wo es eigene Betsäle gab. Der in Neulengbach war etwa 1870 entstanden, davor gab es um 1855 ein Bethaus in Groß-Weinberg, einer heutigen Katastralgemeinde Neulengbachs, und sogar die Bezeichnung »Großweinberger Kultusgemeinde« taucht auf. In Wilhelmsburg war 1858 ein Minjan-Verein bewilligt worden, »Minjanandacht« genannt. Kurzfristig gab es in den 1860er-Jahren Pläne, eine eigene Kultusgemeinde zu errichten, die jedoch, wie in anderen Orten Niederösterreichs, letztendlich fallengelassen wurden.

Tulln

Wenngleich die Kultusgemeinde nach Tulln benannt war, war ihr Sitz doch immer Klosterneuburg. Tulln und Klosterneuburg hatten beide bis 1890 zum Bezirk Hernals beziehungsweise kurzfristig bis 1892 zum Bezirk Währing gehört. Mit der Eingemeindung dieser Wiener Vororte im Jahr 1892 wurde der Bezirk Tulln geschaffen, im selben Jahr erfolgte auch die Errichtung der Kultusgemeinde nach dem Israelitengesetz von 1890. Die ersten jüdischen Familien waren hier sogar schon in der Zeit knapp vor 1848 wohnhaft, und so konnte bereits 1852 ein Bethausverein gegründet werden. Dieser verfügte ab 1859 sowohl über einen Betsaal als auch über eine eigene jüdische Religionsschule, die bis 1904 Bestand hatte. Zeitweise wurde auch ein weiteres Haus, ebenfalls auf dem Stadtplatz, als Bethaus gemietet. Der Bethausverein erwarb 1873 ein Haus samt dazugehörigem Grund, auf dem der jüdische Friedhof entstehen sollte. 1914 wurde die Synagoge, ein prächtiger Jugendstilbau, eröffnet. Die Klosterneuburger Synagoge gehörte zu jenen, die während des Novemberpogroms 1938 in Brand gesteckt wurden. Nachdem sie später alles andere als adäquate Nutzung erfuhr, wurde sie schließlich 1992 abgerissen.

In Tulln, das auf eine gut 700-jährige jüdische Geschichte zurückblickt, konnten sich 1859 jüdische Bürger gegen die städtischen Behörden durchsetzen, die die Einrichtung eines Betsaales abgelehnt hatten. Ein Betverein wurde 1873 gegründet, und 1885 ein Friedhof angelegt. Ein weiterer Friedhof im Sprengel der Kultusgemeinde besteht seit 1888 im kleinen Dorf Michelndorf, in der Nähe von Atzenbrugg, wo es im Haus einer im Ort alteingesessenen Familie auch eine Betstube gab. Die jüdische Gemeinschaft in Atzenbrugg bestand bereits vor 1860. Nachdem es einige Widerstände bei der Konstituierung eines eigenen Betvereins gegeben hatte (vor allem die Nähe zu St. Pölten wurde hier ins Treffen geführt), wurde 1864 die Gründung des dortigen Betvereins behördlich bewilligt.

Auch im relativ kleinen nördlich der Donau gelegenen Teil des Sprengels gibt es mit Oberstockstall bei Kirchberg am Wagram seit 1886 einen jüdischen Friedhof, 1855 wird auch bereits ein dortiges Betzimmer genannt.

Zur Geschichte der Juden in Niederösterreich II

Das 19. Jahrhundert

Eine gleiche rechtliche Grundlage brachte das Israelitengesetz von 1890, stellte die Gemeinden aber auch vor große Herausforderungen. So hatte die Gesetzgebung auf Unterschiede innerhalb des Judentums keine Rücksicht genommen. 1890 mussten sich alle in einer gewissen Region lebenden Jüdinnen und Juden der für den betreffenden Landesteil zuständigen Kultusgemeinde anschließen, ob nun Orthodoxe oder Reformer. Das konnte auch innergemeindliches Konfliktpotential beinhalten. Da es aber keine Alternativen gab, blieb nichts anderes übrig, als einen Weg des Zusammenlebens zu finden, der mitunter Kompromisse mit sich brachte.

Ein weiteres Problem, das sich durch die gesetzliche Lage ergab, war, dass die Gemeinden verpflichtet wurden, Rabbiner anzustellen. Besonders die kleineren stellte dies vor eine große finanzielle Herausforderung. So versuchten Neunkirchen, Horn, Mistelbach, Tulln und Waidhofen an der Thaya Ausnahmeregelungen zu erlangen, die es erlaubten, Rabbiner aus anderen Gemeinden mitanzustellen.

Die liberalere Gesetzgebung der zweiten Hälfte des 19. Jahrhunderts führte aber auch dazu, dass sich die über Jahrhunderte durch den äußeren Druck und diskriminierende Gesetze unausweichliche enge Zusammengehörigkeit auflöste. Hinzu kam, dass die Veränderungen in der Arbeitswelt zunehmend Regeln wie die strenge Einhaltung des Sabbats aufzuweichen begannen. Die langsame Anpassung an die christliche Umwelt in dieser Zeit äußerte sich auch in der Kleidung liberaler Rabbiner, die sich an der Priestertracht orientierten.

Dieser Trend erfasste auch bauliche Elemente. Man näherte sich bei der Architektur der Synagogen an zeitgenössische bauliche Vorlieben wie den Jugendstil (etwa bei der Synagoge St. Pölten), aber auch an die Neogotik oder Neoromanik an. Dafür war unter anderem der aus Mähren stammende Architekt Max Fleischer (1841–1905) bekannt, auf den etwa die Synagogen von Hohenau und Krems zurückgingen. Sieht man sich den ursprünglichen Entwurf von Max Fleischer an, den er um 1890 für die Kremser Synagoge erstellt hatte, glaubt man auf den ersten Blick, eine Kirche mit einem kleinen aufgesetzten Zwiebelturm zu sehen. Erst auf den zweiten Blick fallen einem die Gesetzestafeln und die hebräische Inschrift an der Front des Gebäudes auf. Der bekannte Architekt Wilhelm Stiassny (1842–1910), unter anderem Gründer der »Gesellschaft zur Erhaltung und Konservierung von Kunst und historischen Denkmälern des Judentums«, verband in Wiener Neustadt den im 19. Jahrhundert beim Bau von Synagogen öfter gebrauchten maurisch-orientalischen Stil mit Elementen der Renaissance.

Auch bei der Inneneinrichtung gab es an katholische Kirchen erinnernde Tendenzen. Obwohl sich die Architektur der Gebäude dem Zeitgeschmack anpasste, wurden freilich gewisse Regeln berücksichtigt: so der an der Ostseite, also der in Richtung Jerusalem gewandten Wand, aufgestellte Thoraschrein. Auch die Lesungen aus der Thora wurden immer an einer erhöhten Stelle im Zentrum vorgenommen. Aber auch hier orientierte man sich mitunter an Kirchen, in denen sich das Lesepult vorne befindet.

In Neunkirchen wurde sogar einer der Thoramäntel mit einem Edelweiß verziert, das freilich keine Bedeutung in der jüdischen Tradition besitzt und rein auf die umgebende Lebenswelt verweist. Auch verstand man sich zunehmend nicht mehr als im Exil, in der Diaspora, lebend, wie in den vorangegangenen Jahrhunderten. Es kam die Bezeichnung »Tempel« für die Synagogen häufiger in Verwendung, nachdem die Bezugnahme auf den Tempel in Jerusalem teilweise zurücktrat und die Synagogen im Reformjudentum als Orte gleichwertigen religiösen Ranges aufgefasst wurden. Dies wirkte sich aber nicht in allen Gemeinden gleich stark aus.

Das äußere Erscheinungsbild der Synagogen, wie auch die Assimilation in anderen Lebensbereichen, sollte dazu beitragen, das Judentum nicht als fremdartig erscheinen zu lassen.

Zur gleichen Zeit kam es zu immer stärkeren antijüdischen Tendenzen, die zunehmend von religiös motivierten Vorbehalten zu einem »rassisch« bedingten Antisemitismus übergingen.

Die letzten Jahrzehnte des 19. Jahrhunderts brachten Niederösterreich einen Zuzug jüdischer Bevölkerung, der sich aber anders als in den meisten Gebieten der Monarchie nicht nur auf die großen Städte beschränkte, sondern auch Orte auf dem Land erfasste. Die Zahl der jüdischen Bürgerinnen und Bürger stieg immer weiter an. Teilweise kamen die Einwanderer just aus Gebieten wie Westbeziehungsweise Oberungarn, Mähren und Böhmen, wo die Vertriebenen des späten Mittelalters und der frühen Neuzeit Aufnahme gefunden hatten. Gerade in Orten im Süden Niederösterreichs – darunter Baden, Wiener Neustadt, Neunkirchen oder Gloggnitz – kamen viele

Zuwanderer aus den burgenländischen Gemeinden. Ein Beispiel für die enge Verbindung zum Burgenland bot etwa die Synagoge von Neunkirchen, für die die Synagoge von Kobersdorf Pate stand. Der Umzug innerhalb der Monarchie brachte aber auch bei der Konstituierung einiger Kultusgemeinden, wie Neunkirchen, Wiener Neustadt und Baden, Probleme mit sich, da ein passives Wahlrecht nur österreichischen Staatsbürgern zugestanden wurde. Die meisten Zuwanderer aus der ungarischen Reichshälfte hatten die Staatsbürgerschaft jedoch nicht gewechselt. Trotzdem würde es zu weit gehen, darin ein Wiedererstehen der Landgemeinden der frühen Neuzeit zu erkennen, fehlt doch ein kontinuitätsgeschichtlicher Zusammenhang. Im Gegensatz zur »Noch-Landeshauptstadt« Wien, wo die Armut in Teilen der jüdischen Bevölkerung sehr groß war, gehörte die jüdische Einwohnerschaft Niederösterreichs mehrheitlich nicht den ärmsten Schichten an.

1910 ist plötzlich ein Rückgang der jüdischen Bevölkerung in Niederösterreich zu bemerken. Er hängt mit der Eingemeindung von Orten wie Floridsdorf zu Wien (1904/05) zusammen und ist so gesehen kein tatsächlicher Bevölkerungsrückgang. Dieser ist erst in den Jahrzehnten nach dem Ersten Weltkrieg zu beobachten.

In die zweite Hälfte des 19. Jahrhunderts fällt die Anlage neuer jüdischer Friedhöfe beziehungsweise von abgetrennten jüdischen Bereichen auf allgemeinen Friedhöfen – nach fast zweihundert Jahren. Den Anfang machten Krems 1853 und St. Pölten 1859. In den Jahren bis 1915 folgten Griesheim bei Ybbs (heute Stadtteil von Ybbs), Göttsbach (heute ebenfalls zu Ybbs gehörig), Neulengbach, Baden, Bad Pirawarth, Horn, Klosterneuburg, Stockerau, Mödling, Hollabrunn, Hohenau, Zwettl, Tulln, Oberstockstall (bei Kirchberg am

Wagram), Wiener Neustadt, Michelndorf, Neunkirchen, Waidhofen an der Thaya, Mistelbach, Gänserndorf, Deutsch-Wagram, Dürnkrut, Groß-Enzersdorf, Marchegg und zuletzt Korneuburg.

Zwar im heutigen Wien gelegen, aber trotzdem von Bedeutung für Niederösterreich war der Friedhof in der Ruthnergasse in Floridsdorf, der ab 1873 durch die dortige Kultusgemeinde angelegt und bald erweitert wurde. Trotz der Eingemeindung Floridsdorfs bestand zu einigen Orten im nördlichen Wiener Umland weiterhin reger Kontakt, und so wurden am Friedhof in der Ruthnergasse auch Verstorbene aus Niederösterreich zur letzten Ruhe gebettet. Der Friedhof, der an der Trasse der Kaiser-Ferdinands-Nordbahn und in der Nähe großer Industriebetriebe gelegen ist, wurde gegen Ende des Zweiten Weltkrieges durch Bombentreffer schwer beschädigt.

Lange Zeit wurden Verstorbene aus Klosterneuburg auf den Friedhof von Währing gebracht, während jene aus Hohenau auf dem Friedhof von St. Johann am gegenüberliegenden slowakischen Ufer der March beerdigt wurden.

Die Errichtung der Friedhöfe zeigt auch, dass sich die Menschen zunehmend in ihren neuen Wohnorten heimisch fühlten und auch dort begraben werden wollten. So wurden etwa auch in den vor allem durch Zuzügler aus den westungarischen respektive burgenländischen Orten entstandenen Gemeinden im Südosten Niederösterreichs die Überführungen auf die Friedhöfe in den jeweiligen Herkunftsorten der Familien mit der Zeit weniger.

In Niederösterreich waren es 1910 bei Männern wie auch bei Frauen vor allem Berufe im kaufmännischen

Bereich sowie freie Berufe, in denen Jüdinnen und Juden tätig waren. Auch Industrie und Gewerbe nahmen noch eine wichtige Rolle bei der Erwerbstätigkeit ein, während die Beteiligung an der Land- und Forstwirtschaft nur marginal war.

Unter die Tätigkeit im kaufmännischen Bereich fällt auch der Hausiererhandel. Die Hausierer lebten – wie damals freilich überhaupt die Mehrheit der Bevölkerung – in einfachsten Verhältnissen. Trotzdem zogen etwa gerade im Waldviertel die wandernden jüdischen Hausierer den Unmut der ortsansässigen Kaufleute auf sich, die sich durch die Konkurrenz bedroht fühlten. Der Waldviertler antisemitische Politiker Georg Ritter von Schönerer konnte mit seiner Politik, die versuchte, verschiedene antisemitische Strömungen zu vereinen, in diese Kerbe schlagen und als einer der Proponenten dem weiteren radikalen rassischen Antisemitismus Tür und Tor öffnen.

Theo Lieder
Korneuburg

Wenn er eines seiner Akkordeons zur Hand nimmt, dann setzt sich ein spitzbübisches Lächeln auf seinen Lippen fest und die Zuhörer spüren unmittelbar mit welcher unbändigen Freude Theo Lieder musiziert. Man gewinnt den Eindruck, dass von einem Moment auf den anderen alles nebensächlich wird und Zeit keine Rolle mehr spielt. Der Eindruck bestätigt sich immer wieder, wenn er etwa bei einem seiner wiederholten Auftritte im Wiener Maimonides-Zentrum ein einstündiges Konzert ankündigt und erst nach drei Stunden, nach vielen Zugabe-Rufen des Publikums, zu einem heftig akklamierten Ende findet. In seiner Freude und ungeheuren Ausdauer beim Musizieren kann er als Wiener Bruce Springsteen des Ziehharmonikaspiels bezeichnet werden. Auf jeden Fall ist er ein willkommener Gast bei Geburtstagsfeiern, Konzerten und anderen Festen innerhalb und außerhalb der jüdischen Gemeinde. Steht der bereits pensionierte Lieder vor einer zweiten Karriere als Musiker? Nein, auf keinen Fall. Er will seinen verdienten Ruhestand genießen und zu seinem Genuss gehört das Musizieren. Selbst wenn er häufig »gebucht« wird, von Auftritt zu Auftritt tingelt.

Theo Lieder wurde am 7. Juni 1939 – ein paar Minuten vor seinem Zwillingsbruder Henry – in Brüssel geboren. Seine Eltern waren auf der Flucht vor den Nationalsozialisten in Belgien gelandet. Sie wollten weiter über die Niederlande nach Jakarta, Indonesien. Die junge Familie schaffte es, sich die notwendigen Papiere zu besorgen, und bestieg das Schiff nach Indonesien. Ein Schiff, das auf seiner Fahrt in Haifa einen Zwischenstopp eingeplant hatte. Und bei diesem Zwischenstopp verließ die Familie Lieder einfach das Schiff, tauchte bei Freunden unter und umging so die restriktiven Einwanderungsbestimmungen der britischen Besatzungsmacht für Palästina. Die Familie ließ sich in Jerusalem nieder, und Theo Lieders Vater Simon arbeitete im Café Marcus. Er, der in Wien zuerst als Schuhmacher, dann als Buchhalter gearbeitet hatte, verdiente sich sein Geld als Kellner und später als Zuckerbäcker. Theo und Henry wuchsen zweisprachig auf, besuchten den Kindergarten und die Volksschule in Jerusalem.

Im November 1947, kurz nach der Verabschiedung der UN-Resolution, die die Gründung des Staates Israel festschrieb, verschwand plötzlich Theo Lieders Vater. Plötzlich für seine Söhne – denn sein Vater hatte schon länger geplant, nach Wien zurückzukehren, um noch lebende Angehörige seiner Familie zu finden. Er fand seine Mutter und entschied, auch mit dem Wissen, dass es in Palästina zum Krieg kommen würde, mit seiner Familie nach Wien zurückzugehen. Den Söhnen haben die Eltern von ihrem Plan nichts erzählt, denn die waren schon so in ihrem Freundes- und Bekanntenkreis in Jerusalem sozialisiert, dass sie überhaupt nicht aus dem Land und ihrem Umfeld weg wollten. Daher wurde den beiden Buben im Februar 1948 die Geschichte erzählt, dass man einen Ausflug machen würde, um die Oma zu besuchen. Wo die Oma genau wohnte, wurde geflissentlich verschwiegen. In Tel Aviv angekommen, wurde ihnen am Strand nur erzählt, dass die Oma »da drüben« wohnen würde. Daraufhin marschierte der kleine Theo, der damals zum ersten Mal bewusst das Meer sah, schnurstracks in die

Fluten, noch mit Hose und Schuhen bekleidet. Seine Eltern konnten ihn erst nach längerem Zureden und der Erklärung, dass man nicht – selbst im Heiligen Land – über das Meer zur Oma gehen könne, sondern ein Schiff nehmen müsse, dazu bewegen, wieder an den Strand zu kommen. Theo Lieder hat das akzeptiert, aber bis heute hat er die Angewohnheit – fast könnte man sagen, das Ritual – beibehalten, dass er, wenn er an einen Strand kommt, mit Schuhen und Hose ins Meer spaziert. Durch Theos Aktion hätte die Familie fast die Abfahrt des Schiffes versäumt – besser gesagt, die eigentliche Abfahrt hat sie sogar versäumt, denn das Schiff hatte schon abgelegt als sie endlich im Hafen ankamen. Jedoch ein Motorboot brachte sie zum Schiff, das sich, noch in Sichtweite des Piers, in Richtung Europa – zur Oma – auf den Weg gemacht hatte.

In Wien besuchte Theo Lieder die Realschule und nach der vierten Klasse Gymnasium begann er eine Buchdruckerlehre bei der Firma Fischer in der Dominikanerbastei. Er übte diesen Beruf 45 Jahre bis zu seiner Pensionierung aus. Selbst wenn diese Berufslaufbahn sehr bestimmt erscheint, und er mit großem Enthusiasmus als Buchdrucker arbeitete, konnte er im Laufe der Jahrzehnte auf viele andere Jobs verweisen, die er quasi nebenbei ausgeübt hat: Er war Tankwart, fuhr Taxi, räumte Verlassenschaften aus und arbeitete als Portier. Durch einen seiner Nebenjobs wurde er in der jüdischen Gemeinde zu einem sehr vertrauten Gesicht – er arbeitete jahrzehntelang im Sicherheitsdienst der Kultusgemeinde. Wien war seit den 1960er-Jahren eine wichtige internationale Drehscheibe für die Ausbildung von Wachpersonal für jüdische Einrichtungen. Die Ausbildung des Wiener Personals war dermaßen gut – auch im Verhältnis zu anderen europäischen Ländern –, dass Theo Lieder auch zu tragischen und heiklen Vorfällen im Ausland eingeflogen wurden, wie beim Attentat auf eine Maschine der El Al, der israelischen Fluglinie, im Jahr 1969 oder bei der Geiselnahme während der Olympischen Sommerspiele in München 1972. Noch heute wundert er sich, wie schlecht die deutschen Behörden in Hinblick auf die Sicherheit der israelischen Sportler vorbereitet waren. In Wien kümmerte er sich um die Sicherheit bei Veranstaltungen der Kultusgemeinde, begleitete Kindergartenkinder und Schüler bei Ausflügen, fungierte bei Wahlen zum Kultusrat als Bewacher und war lange der Portier im alten Maimonides-Zentrum im 19. Bezirk.

Seine wirklich große Liebe – neben seiner Frau Miriam – entdeckte er mit 14 Jahren: die Musik und hier speziell das Singen und die Ziehharmonika. Theo Lieder, der schon von Kindesbeinen an unwahrscheinlich gerne gesungen hat, wurde durch den israelischen Künstler Schmuel Katz, den er nach einem Auftritt beim Haschomer Hatzair kennenlernte, auf das Akkordeonspiel gebracht. Er war sofort fasziniert davon. Beim Musikalienhändler Stingel in der Wiedner Hauptstraße entdeckte er bald darauf ein wunderbares Akkordeon, eine Cantulia Sonatina mit 96 Bässen. Er musste es unbedingt haben, konnte sich aber als Lehrling den Kaufpreis bei weitem noch nicht leisten, denn der entsprach seinem damaligen Jahresverdienst. Daher vereinbarte er mit dem Verkäufer eine wöchentliche Ratenzahlung. Die hielt er penibel ein. Jeden Freitag, nachdem er sein karges Lehrlingssalär bekommen hatte, kam er zum Stingel und zahlte seine Rate. Bis sein erstes Akkordeon abbezahlt war.

Das erste von einer derzeitigen Sammlung von 18 Stück. Beigebracht hat er sich das Spielen selbst. Dabei hat er zwar versucht, nach Noten zu üben, aber die kleinen schwarzen Punkte waren, wie er betont, »nicht seins«. Bei seinem Repertoire konzentriert er sich bis heute auf israelische und jiddische Volkslieder.

Seit 1971 lebt er in Korneuburg. In einem Haus, das er großteils selbst gebaut hat. Man hätte auch nichts anderes erwartet, denn es ist fast unmöglich, sich vorzustellen, dass ein Energiepaket wie Lieder ruhig zusehen kann, wenn ein Baumeister und seine Mitarbeiter sein Haus bauen sollen. Seit er in Korneuburg heimisch geworden ist, ist sein Refugium zu einem »Open-House« der Gasse geworden. Gerade im Sommer tummeln sich Kinder, Nachbarn, Freunde und Bekannte in seinem Garten – und reagieren dementsprechend begeistert, wenn der Hausherr endlich sein Akkordeon hervorholt.

Manchmal fragen sich nicht nur seine Frau Miriam, sondern auch seine drei Kinder, Tamara, Dani und Iris, wie Theo Lieder es schafft, seine Hobbys (unter anderem Singen im Jüdischen Chor, Filmen und Fotografieren), Verpflichtungen und musikalischen Engagements unter einen Hut zu bringen. Die Frage kann er nicht beantworten. Er ist einfach so. Die Lösung sollte einfach darin liegen, dass sich sein Umfeld – seine Familie, Freunde und Bekannte – von seiner Energie und Lebensfreude anstecken lässt und das Leben mit ihm genießt.

Die Jahrhundertwende

Nicht wegzudenken sind die jüdischen Künstler und Intellektuellen dieser Zeit, die das kulturelle und geistige Leben Österreichs mitprägten. Überwiegend denkt man hier an das Wien des späten 19. Jahrhunderts und der Jahrzehnte bis zur NS-Diktatur im 20. Jahrhundert, an Intellektuelle und Künstler, die vor allem Bezug zu den klassischen Kur- und Sommerfrische-Orten in Niederösterreich hatten. Darunter Semmering und Baden, wo Max Reinhardt geboren wurde, Jura Soyfer zeitweilig lebte und wohin Hugo Wiener nach den Jahren des NS-Terrors zog. Einer der wichtigsten Lyriker dieser Zeit kam aus einem viel weniger bekannten niederösterreichischen Ort, nämlich aus Niederhollabrunn. Theodor Kramer wurde hier als Sohn des Gemeindearztes geboren und verbrachte seine Kindheit und Teile seiner Jugend in Niederhollabrunn. Während er – mittlerweile wieder – vielen ein Begriff ist, sind andere in Vergessenheit geraten. So auch die ebenfalls aus dem Weinviertel stammende Schriftstellerin und Schauspielerin Ernestine Roberts, gebürtige Loew (1904–1977). Sie beschrieb unter anderem in dramatischen Zeilen ihre Haft und anschließende Flucht nach England.

Aber auch im politischen Bereich engagierten sich Juden in Niederösterreich – wenn man sie ließ. Einer der bekanntesten niederösterreichischen Lokalpolitiker jüdischer Herkunft war wohl Felix Strakosch, Mitinhaber der Hohenauer Zucker-

Felix Strakosch, Lokalpolitiker und Industrieller (1865–1931)

fabrik und Bürgermeister des Ortes. Mitglieder der »Zuckerbaron-Familie« Strakosch spielten auch im kulturellen Leben als Musiker und Sänger eine Rolle. Als der aus Hohenau stammende Sir Henry Strakosch 1938 die Schul-

Die Zuckerfabrik in Hohenau

den von Winston Churchill beglich, erkannten die Nationalsozialisten darin den Beweis für die Verbindungen zwischen »jüdischem Kapital« und britischer Politik.

Zunehmend gingen aber auch in den letzten Jahren der Monarchie und in der Zwischenkriegszeit jüdische Historiker und Volkskundler daran, die Geschichte des Judentums ihrer Heimat in den vorangegangenen Jahrhunderten zu erforschen. So etwa der Historiker, Volkskundler und Rabbiner Max Grunwald, der von 1931 bis zu seiner Flucht 1938 nach Palästina in Baden wohnte. Besonders verdient um die jüdische Geschichte machte sich der Mödlinger Leopold Moses, der das Standardwerk »Die jüdischen Landgemeinden in Niederösterreich mit besonderer Berücksichtigung des 17. Jahrhunderts« schuf und bis kurz vor seiner Ermordung 1943 unermüdlich forschte und publizierte.

Die jüdische Bevölkerung stand großteils treu zu Kaiser Franz Joseph I. Der Kaiser wollte zum Beispiel den für seine antisemitischen verbalen Hetzen bekannten Karl Lueger nicht als Wiener Bürgermeister akzeptieren. Die Kaisertreue sollte auch Selbstzeugnis der gesellschaftlichen Integration sein. Dies äußerte sich auch bei offiziellen Anlässen. So wurde etwa der Grundstein für die

Mödlinger Synagoge am Geburtstag Kaiser Franz Josephs gelegt, die St. Pöltner Synagoge am Vorabend des Kaisergeburtstags eröffnet. In der neuen St. Pöltner Synagoge sollte sogar eine Büste des Kaisers aufgestellt werden, was zu erheblichen Diskussionen führte. Man entschied sich schließlich dagegen, widersprach dies doch zu sehr den jüdischen Religionsgesetzen, und erinnerte an die von römischen Kaisern eingeforderte Verehrung ihrer Büsten in Jerusalem unter römischer Herrschaft. Als Kompromiss zwischen Ergebenheit zu Kaiser Franz Joseph und dem jüdischen Bilderverbot wurde schließlich »nur« ein Porträt des Kaisers in Auftrag gegeben. Dem Kaiser im Ersten Weltkrieg zu dienen, sah man auch als Chance, den eigenen Patriotismus zu beweisen, was einen hohen Blutzoll forderte. Trotzdem konnten die Ressentiments und antisemitischen Stereotype im zu Ende gehenden Krieg und im Zuge der damit verbundenen österreichisch-ungarischen Niederlage nicht gemildert oder gar beseitigt werden.

Von den jüdischen Opfern des Ersten Weltkrieges zwischen 1914 und 1918 zeugt eine Tafel der Opfer aus der Kultusgemeinde Mistelbach. Unter den 24 eingravierten Namen der Gefallenen findet sich der Vers »Die ich gepflegt und großgezogen, der Feind hat sie vernichtet«. Aktuell befindet sich die Tafel, die ursprünglich am jüdischen Friedhof in Mistelbach stand, im Weinstadtmuseum Poysdorf. In Krems hingegen wurde den jüdischen Gefallenen ein eigenes Denkmal errichtet.

Meir Dan & Nora Ehrenfreund
Gänserndorf

Die Bezirkshauptstadt Gänserndorf ist viel weitläufiger
als man annimmt. Zumindest fällt es auch einem Naviga-
tionsgerät schwer, die Zebragasse im Stadtteil Gänserndorf-Süd zu lokalisieren. Hat man endlich den Stadtteil,
der nicht direkt an den Kern von Gänserndorf anschließt,
sondern einige Kilometer davon entfernt liegt, gefunden,
dann gilt es sich in einem Gewirr von Straßen zurechtzu-
finden. Und bevor man zur Zebragasse kommt, fährt man
noch ein Stück die Waldheimstraße entlang.

Waldheimstraße? Kann das sein, dass hier im tiefsten
Niederösterreich tatsächlich eine Straße nach dem
umstrittenen Bundespräsidenten benannt wurde?

Nein, dem ist nicht so, erwidert Meir Dan Ehrenfreund
lächelnd auf die Frage, nachdem man endlich das Haus der

Familie gefunden hat. Der Name bezieht sich tatsächlich nur auf den ursprünglichen Sinn des Wortes und wurde der Straße der Umgebung wegen gegeben. Und ein paar Querstraßen weiter befindet sich auch eine Neuwald-heimstraße.

Seit dem Jahr 1979 leben Meir Dan und Nora Ehren-freund nun schon in ihrem Haus in Gänserndorf. Der Wunsch, lieber auf dem Land in einem Haus mit Garten zu leben, brachte sie hierher. Meir Dan Ehrenfreund betont, dass sie in Gänserndorf mit offenen Armen empfangen wurden. Als sie die Meldezettel am Bezirksamt abgaben, betonte der zuständige Beamte, wie sehr es ihn freue, dass sich endlich wieder einmal eine jüdische Familie in der Stadt ansiedeln würde. Und erinnert mit dieser Aus-sage daran, dass es vor dem Zweiten Weltkrieg eine aktive jüdische Gemeinde in Gänserndorf, mit Synagoge, Mikwe und Friedhof gegeben hat. Nach dem »Anschluss«, der Vertreibung und dem Krieg kam niemand mehr zurück.

Meir Dan Ehrenfreunds Vater Siegfried gelang am 14. März 1938 die Flucht aus Wien. Er emigrierte nach Palästina, wo er seine Frau Lucia Lea, geborene Israelski, kennenlernte. Sie schaffte es bereits im Jahr 1936 wäh-rend der Olympiade in Berlin aus Deutschland zu fliehen. Meir Dan Ehrenfreund wurde 1949 in Israel geboren. Die Familie kam im Jahr 1953 nach Wien. Sein Vater hatte vor dem Krieg vier Geschäfte für Farben und Lacke in Wien. Gerade ein Geschäft wurde nach seiner Rückkehr resti-tuiert.

Im Jahr 1970 begann Meir Dan Ehrenfreund im Geschäft seines Vaters, dem Farbenhaus Ehrenfreund in der Wie-ner Naglergasse, zu arbeiten und hat es nach der Pensio-nierung übernommen und selbstständig weitergeführt.

Mit dem Haus in Gänserndorf wurde er zum Pendler, während seine Frau Nora eine Anstellung als Mittelschulprofessorin für Latein und Englisch am Gymnasium der Stadt fand. Sie wurde als Nora Gininger 1947 in Bukarest geboren. Mit ihrer Familie emigrierte sie im Jahr 1950 nach Israel, aber bereits 1953 verließen sie Israel wieder und kamen nach Wien. Die Jahre in Israel, die beide unabhängig voneinander verbracht haben, sind dafür verantwortlich, dass sie sich kennengelernt haben. Denn Meir Dan und Nora haben beide einen Hebräischkurs besucht, eigentlich waren es zwei parallel laufende Kurse, um ihre Kenntnisse des Ivrith wieder aufzufrischen. Schmuel Etan, der die beiden Kurse leitete, hatte mitbekommen, dass beide noch Singles waren und arrangierte einen gemeinsamen Theaterabend. Es war keine herkömmliche Aufführung, sondern ein Marionettentheater, dass die Oper von Kurt Weill und Bertolt Brecht »Aufstieg und Fall der Stadt Mahagonny« spielte. Also eher schwere Kost, und der Kursleiter musste schon einiges an Überzeugungsarbeit leisten, bis beide zusagten. So trafen die beiden im Herbst 1971 zum ersten Mal aufeinander – zum ersten Mal? Nora Gininger eröffnete das Gespräch sehr überzeugt, nachdem sie einander vorgestellt worden waren, mit der Bemerkung, dass sie ihn eh schon länger kennen würde, noch vom Religionsunterricht. Meir Dan Ehrenfreund konnte sich aber nicht erinnern, bis sich herausstellte, dass sie den mit seinem Bruder besucht hatte. Auf jeden Fall brachte er sie – und ihre Mutter, die auch dabei war – mit seinem Auto nach Hause und 1972 wurden sie von Oberrabbiner Akiba Eisenberg in Wien getraut.

Meir Dan und Nora haben zwei Töchter – Lea Lucia wurde 1974 geboren, Ariela 1976 –, die in Gänserndorf das Gymnasium besucht haben. Trotz der Distanz zu Wien ermöglichten es die Eltern, dass die Töchter am Leben der jüdischen Gemeinde teilnehmen konnten. Sie besuchten regelmäßig den Religionsunterricht und waren auch beim Hashomer Hatzair aktiv. Nach der Matura machten beide die Alijah und wanderten nach Israel aus. Sie studierten, sind verheiratet und Lea Lucia ist Mutter von vier Kindern, Ariela Mutter von zwei Kindern. Das dritte Kind von Ariela soll im März 2013 zur Welt kommen.

Nora und Meir Dan Ehrenfreund haben ihre Töchter in ihren Entscheidungen unterstützt, auch wenn sie sich manchmal Sorgen machen, wenn wieder einmal Raketen aus dem Gazastreifen auf Israel abgeschossen werden. Da beide Töchter mit ihren Familien im Süden des Landes leben, sind sie bei diesen Angriffen immer wieder gezwungen, die Schutzräume aufzusuchen oder werden in diesen Krisenzeiten in andere Teile des Landes evakuiert. Da versucht man natürlich, sich täglich nach dem Befinden der Töchter zu erkundigen, wie die Eltern betonen. Aber die Eltern Ehrenfreund besuchen ihre Töchter regelmäßig. Seit einiger Zeit besitzen sie eine Wohnung in Modi'in in Zentralisrael und seit sie in Pension sind, verbringen sie drei bis fünf Monate des Jahres in Israel.

Wenn sie in Österreich sind, versuchen sie, so weit wie möglich, am jüdischen Leben teilzunehmen. Sie besuchen an Feiertagen den Tempel in Wien und nehmen auch an den Wahlen zum Kultusrat der Gemeinde teil. In Gänserndorf selbst haben sie sich mit der Geschichte der Juden der Stadt auseinandergesetzt, die ihnen von Ida Olga Höfler vermittelt wurde. Als im Jahr 1997 die Gedenktafel an der ehemaligen Synagoge eingeweiht wurde, waren sie sehr überrascht als der Oberrabbiner Paul Chaim Eisenberg in seiner Ansprache erwähnte, dass er sich sehr freue, das nun schon zwei jüdische Familien in Gänserndorf leben würden. Zwei Familien? Die Ehrenfelds waren doch lange Jahre die einzige jüdische Familie in der Stadt. Noch während der Zeremonie blickten Meir Dan und Nora Ehrenfreund durch die Reihen der anwesenden Gäste, um herauszufinden, wer die Mitglieder der zweiten Familie sein könnten. Nach der Feier war es Ida Olga Höfler, die ihnen Luba und Jankel Tultschinsky vorstellte. Bis heute haben die beiden Familien sehr guten Kontakt zueinander, besuchen sich regelmäßig und feiern den Sabbat zusammen. Sie wohnen auch nicht weit voneinander entfernt, denn die Tultschinskys wohnen auch in Gänserndorf-Süd, wenn auch in einem anderen Viertel. Denn selbst dieser Stadtteil unterteilt sich wiederum in zwei Viertel, dem Heideviertel und dem Safariparkviertel. Da soll sich dann ein Navi noch auskennen.

Der Niedergang der Österreichisch-Ungarischen Monarchie und seine Folgen

Das Ende der Habsburgermonarchie mit ihrem multiethnischen Gepräge machte die jüdische Bevölkerung im neuen Kleinstaat zur Minderheit schlechthin, die nun eine noch größere Angriffsfläche bot. Im Bundesland Niederösterreich existierten mit 15 Kultusgemeinden nun die meisten im neuen Staat. Diese litten aber darunter, dass das Gros unter ihnen nur recht wenige Mitglieder hatte und diese noch über die Ortschaften der jeweiligen Region verteilt wohnten. So war es schwierig, die zehn nach religiöser Betrachtung mündigen Männer zusammenzubringen, die für die Abhaltung eines vollwertigen Gottesdienstes notwendig sind. Meist konnte so das religiöse Leben nur an den Feiertagen stattfinden, wenn auch die Mitglieder der jeweiligen Kultusgemeinde aus den umliegenden Dörfern und Märkten zur Synagoge kamen. Trotz dieses Umstandes und auch trotz des zunehmenden Antisemitismus – auch in Anbetracht der Erfolge der Nationalsozialisten in Deutschland und in manchen niederösterreichischen Orten bei den Gemeinderatswahlen 1924 – brachte die Zwischenkriegszeit in Niederösterreich eine reiche und vielschichtige Entfaltung jüdischer Kultur mit sich, die sich im blühenden Vereinsleben genauso äußerte wie in der publizistischen Tätigkeit dieser Jahre. Das Erstarken des jüdischen Vereinswesens in diesen Jahren hat aber auch den schalen Beigeschmack, dass dieses vor dem Hintergrund der zunehmenden Einführung des »Arierparagraphen« in diversen Vereinen geschah und somit Jüdinnen und Juden der Zugang verwehrt wurde. Selbst jüdische Gründungsmitglieder von Vereinen wurden im Nachhinein ausgeschlossen. Damit wurde – wie schon in früheren Jahrhunderten – zunehmend versucht, eine soziale Isolierung herbeizuführen.

Aber auch in anderen Lebensbereichen war eine feindliche Haltung zu spüren. Dies äußerte sich unter anderem im »Sommerfrische-Antisemitismus«, der sich in verschieden starker Ausprägung in ganz Niederösterreich manifestierte. Vor dem Ersten Weltkrieg war man im Allgemeinen stolz auf die jüdischen Sommerfrischegäste, besonders auf die prominenten Vertreter des kulturellen Lebens, die vor allem im Süden Niederösterreichs an Rax und Semmering urlaubten. Darunter finden sich so klingende Namen wie Franz Werfel, Gustav Mahler und Arthur Schnitzler. Dies änderte sich in der Zwischenkriegszeit zusehends. Waren es in manchen Orten die Initiativen einzelner Gastronomen, die jüdischen Gästen die Aufnahme verwehrten, gab es in anderen Gemeinden wie in Mank und in Maria Taferl im Bezirk Melk, in Zöbing bei Langenlois sowie in Wolkersdorf sogar Gemeinderatsbeschlüsse, die jüdische Sommerfrischegäste als »nicht willkommen« erklärten. Im letztgenannten Ort versuchten die 1924 in den Gemeinderat eingezogenen Nationalsozialisten »nichtarische« Sommerfrischler mit Klebezetteln von den Ferienwohnungen fernzuhalten. Allerdings brachte kaum ein Vermieter diese Zettel an. Das ist wohl nicht nur ihrer Toleranz zuzuschreiben – auch die wirtschaftliche Lage beeinflusste die Vermieter dabei. Dieser Beschluss wurde schließlich genauso zurückgenommen wie die Einführung des »Arierparagraphen« für Sommerwohnungen in Spitz an der Donau.

Auch die jüdischen Sommerfrischler ließen sich von der Haltung, die in vielen Gemeinden mehr oder weniger verbreitet war, nicht abschrecken und verbrachten den Sommer weiterhin in Niederösterreich.

Verfolgung und Vertreibung

All dies sollte aber nur ein Vorspiel für die Schrecken sein, die im März 1938 auch Niederösterreich erreichten. Die jüdischen Bürgerinnen und Bürger verloren ihre Bürgerrechte und wurden von Beginn an Opfer der nationalsozialistischen Übergriffe. Nach der Volkszählung von 1934 bekannten sich damals 7716 Menschen zum Judentum, womit Niederösterreich nach Wien (wo mit über neunzig Prozent bei Weitem die meisten jüdischen Österreicherinnen und Österreicher lebten) das Bundesland mit der zweitgrößten jüdischen Bevölkerungszahl war. Hinzu kamen noch die Personen, die nach der NS-Doktrin in den »Nürnberger Rassegesetzen« als Juden galten und somit den Verfolgungen ausgesetzt waren – 1938 insgesamt etwa 8100 Personen in Niederösterreich.

Zu ersten Übergriffen durch Nationalsozialisten kam es am 11. März 1938. In Niederösterreich wurde sofort eine Liste mit »nicht-arischen« Landesbeamten erstellt.

Im Frühherbst des selben Jahres begann die flächendeckende Vertreibung in einigen Bezirken Niederösterreichs, über deren »Erfolg« Regionalzeitungen zynisch zu berichten wussten. Besonders in den Grenzbezirken zur Tschechoslowakei wurde die Vertreibung forciert, so wurde Juden in Horn eine eintägige Frist gesetzt, um den Ort zu verlassen.

Synagogen und weitere Liegenschaften wurden »arisiert«. Neben diversen nationalsozialistischen Formationen, die Hausbesitzer zur »Schenkung« von Häusern oder Vermögenswerten nötigten, waren es auch Nachbarn, die sich opportunistisch jüdisches Eigentum aneigneten. Wer sich weigerte, sein Eigentum zu übergeben, wurde mit Haft in regulären Gemeindegefängnissen oder einfach im nächsten Kohlenkeller »bestraft«.

Neben diesen von psychischer und physischer Gewalt begleiteten Übergriffen kam es zu einer Reihe aus heutiger Sicht eher unbedeutend wirkenden Diskriminierungen, die aber zutiefst in persönliche Lebensgewohnheiten eingriffen. So wurde Juden und Jüdinnen auf dem Land das Tragen von Trachten verboten.

Die Auswirkungen der Verfolgung wurden in den klassischen niederösterreichischen Sommerfrische-Regionen am Semmering und in Baden nun auch für Nichtjuden augenscheinlich. Eine der Folgen war der Einbruch des Tourismus, denn allein am Semmering wurde etwa ein Drittel der Villen arisiert. In Baden, wo viele Vertreter des geistigen und kulturellen Lebens zur Kur waren und teilweise auch dort wohnten, wurde Schritt für Schritt jüdischen Gästen das Kuren unmöglich gemacht.

Auch im medizinischen Bereich waren die Folgen direkt spürbar: In einigen Orten gab es nach der »Arisierung« keinen Ersatz für die Apotheker und auch das Berufsverbot für jüdische Gemeindeärzte – in Niederösterreich gab es zu dieser Zeit 117 – zeigte seine Auswirkungen.

Das blühende kulturelle und geistige jüdische Leben in Niederösterreich war vernichtet worden.

Dies sind jedoch nur einige wenige Bereiche, in denen sich die Diskriminierung, Vertreibung und schließlich fast gänzliche Vernichtung der jüdischen Bevölkerung in Niederösterreich äußerte. Das persönliche Leid der Opfer kann hier nicht zum Ausdruck gebracht werden.

Auch auf dem Land wurde die perfide Parole »Kauft

nicht bei Juden« ausgegeben, und Personen, die dem nicht Folge leisteten, wurden angeprangert. In Mistelbach zwang man sie, Plakate mit verhöhnenden Aufschriften zu tragen. In Amstetten wurden Fotos von denjenigen in der Zeitung veröffentlicht, die in jüdischen Geschäften eingekauft hatten. In Groß-Enzersdorf errichtete man eine Tafel, auf der die Namen aller veröffentlicht werden sollten, die jüdische Geschäfte frequentierten. In Krems wurden Kunden jüdischer Geschäfte fotografiert und die Bilder dann ebenfalls auf einer Tafel ausgestellt. Die Liste ließe sich noch weiter fortsetzen.

Vor dieser rassischen Verfolgung waren zum Katholizismus konvertierte Juden genauso wenig gefeit. So wurde etwa an die Tür der Pfarrkanzlei von Kaumberg im Triestingtal eine »Jüdisches Geschäft«-Tafel gehängt, da der Pfarrer nicht den rassischen Kriterien der NS-Ideologie entsprach.

Genauso gab es aber auch Fälle, wie in Neunkirchen, in denen die Geschäftsbesitzer selbst gezwungen wurden, mit Tafeln, auf denen wüste antisemitische Beschimpfungen zu lesen waren, durch die Ortschaften zu gehen. Dies sollte neben der Demütigung der Menschen dazu dienen, auch noch die letzten verbliebenen sozialen Kontakte zu unterbinden und der schon öfter erwähnten Taktik der sozialen Isolierung zuzuarbeiten – wobei dieses Mal ein bis dato nicht bekanntes Ausmaß erreicht wurde.

Auch in Kleinstädten auf dem Land, selbst in solchen, die keine eigene Kultusgemeinde hatten – wie Laa an der Thaya –, kam es zu demütigenden Übergriffen: Man ließ Gruppen von Juden, zynisch als »Reibpartien« bezeichnet, die Straßen waschen. Bilder, die viele nur aus Großstädten kennen.

Bereits seit den späten 1890er-Jahren war es in Niederösterreich zur Schändung von jüdischen Friedhöfen gekommen. Verbrechen, denen nur halbherzige Aufklärungsversuche folgten. Ab dem Frühling 1938 erreichten jedoch die Friedhofsschändungen ihren unrühmlichen Höhepunkt. In weiterer Folge wurden die Friedhöfe meist von den Gemeinden »arisiert«, vereinzelt auch durch Firmen beziehungsweise Privatpersonen. Viele Grabsteine wurden für verschiedenste Zwecke missbraucht, und ihr weiteres Schicksal lässt sich oft nicht rekonstruieren.

Von der Verzweiflung in jenen Frühlingstagen des Jahres 1938 legen die vielen Suizide ein trauriges Zeugnis ab: vom Badener Rechtsanwalt über den Poysdorfer Maschinenhändler bis zum Pillichsdorfer Greißler, die Liste ließe sich noch lange weiter fortsetzen.

In vielen Orten wurden die Kultusgemeinden zur »Schenkung« oder »freiwilligen Übergabe« der Synagogen an die Gemeinde oder andere »Ariseure« gezwungen. Nach dem gleichen Muster verfuhr man auch mit Privatpersonen: Sie wurden in Dunkelhaft genommen oder in Kohlenkeller gesperrt, bis sie die »Schenkungsurkunden« für ihre Immobilien unterschrieben oder – waren die Häuser schon verkauft – größere Geldsummen überschrieben.

Innerhalb kürzester Zeit führten die Berufsverbote, der Diebstahl, die Enteignungen zur Verarmung der meisten Mitglieder der niederösterreichischen Kultusgemeinden. Die Gemeinden selbst versuchten, die ärgste Not zu lindern, indem sie Fürsorgestellen einrichteten, die auch bei der Auswanderung respektive der Flucht helfen sollten. Dies war jedoch nicht überall möglich. Vor allem in kleineren Gemeinden, die über zu wenige Mittel verfügten, blieb dies Privatpersonen überlassen. Selbst in den größeren Gemeinden waren die finanziellen Mittel bald erschöpft, woraufhin man um Hilfe bei der Wiener Gemeinde ansuchte. Für getaufte oder konfessionslose Personen, die nach den »Nürnberger Rassegesetzten« der Verfolgung ausgesetzt waren, gab es die Möglichkeit, sich an die »erzbischöfliche Hilfsstelle für nichtarische Katholiken«, die »Schwedische Mission« oder die »Aktion Gildemeester« zu wenden.

Es gab aber nicht nur stumme Zustimmung und Gleichgültigkeit gegenüber dem Schicksal der Verfolgten. Einige wagten auch, aktiv zu helfen; sei es ein Bauer, der »U-Boote« aus seiner niederösterreichischen Gemeinde in Wien mit Essen versorgte, oder Personen, die bei Behördengängen – etwa um an Papiere für die Ausreise zu gelangen – Hilfe leisteten und unter Lebensgefahr Menschen versteckten.

Im Zuge des Novemberpogroms wurden auch in Niederösterreich Synagogen in Brand gesteckt, wie in Mödling oder Klosterneuburg. Dort, wo dies nicht ohne weiteres möglich war, da auch umliegende Gebäude hätten Feuer fangen können, wurde das Innere der Synagogen devastiert. Andere, wie jene von Hohenau, wurden in den folgenden Jahren des NS-Terrors mit Sprengstoff in die Luft gejagt. In den Orten Niederösterreichs, in denen zum Zeitpunkt des Pogroms, am 10. November 1938, noch Jüdinnen und Juden wohnten – darunter Groß-Enzersdorf, Wiener Neustadt, Baden und Amstetten – kam es zu schweren Übergriffen gegen sie.

Freilich war mit den Vertreibungen auch das schnelle Ende des religiösen Lebens in den Gemeinden verbunden; deshalb wurden rituelle Gegenstände wie die Thorarollen, wo es ging, an die Wiener Kultusgemeinde übertragen. Eine besondere Demütigung hatten sich die Nazis in Krems einfallen lassen: Dort musste das Inventar der Synagoge »tempelhüpfend« herausgebracht werden.

Ende 1939 bestanden lediglich noch in St. Pölten, Krems, Wiener Neustadt und Baden Kultusgemeinden, die im Frühling 1940 zwangsaufgelöst wurden.

Auch kam es zur zynischen Einteilung nach den rassischen Kriterien in »Volljuden« sowie »Mischlinge 1. und 2. Grades«. In Niederdonau, wie Niederösterreich nun hieß, wurden bei der Volkszählung von 1939 noch 1969 »Volljuden« sowie 993 »Mischlinge 1. Grades« gezählt. Im Frühling 1940 lebten nur noch 262 sogenannte »Glaubensjuden« in Niederösterreich, Ende Juni waren es nur noch 95 Personen. Die meisten der Verbliebenen wohnten in Baden, das die letzten 1941 verlassen mussten.

Die letzten Akte in der Vernichtung des niederösterreichischen Judentums – das Novemberpogrom, die Ghettoisierung bis hin zur Deportation in Konzentrations- beziehungsweise Vernichtungslager – erlebten die meisten, denen die Flucht ins Ausland nicht gelungen war, in Wien.

In Niederösterreich waren nun nur noch wenige in sogenannten »Mischehen« Lebende beziehungsweise »Mischlinge« verblieben, die Diskriminierungen ausgesetzt und immer gefährdet waren – etwa beim Tod des Ehepartners oder aufgrund diverser Denunziationen. Dazu kamen noch als »U-Boote« lebenden Jüdinnen und Juden.

In Niederösterreich war es schwierig unterzutauchen. Für die Untergetauchten genauso wie für ihre Helferinnen und Helfer stellten die Versuche ein sehr gefährliches Unterfangen dar. Trotzdem konnten mindestens 36 Personen die Jahre bis 1945 – so manche die ganze Zeit über in Niederösterreich, andere zwischen Verstecken in Wien und Niederösterreich wechselnd – überdauern.

1944 wurden Gruppen ungarischer Juden, die nicht sofort in Vernichtungslager überstellt worden waren, in den Gau Niederdonau deportiert. Nur der Mangel an Arbeitskräften hatte die NS-Führung veranlasst, Transporte auch nach Niederösterreich gehen zu lassen.

Vereinfacht gesagt, gab es drei große Gruppen, die nacheinander in Niederösterreich ankamen. Die erste davon, mit mehreren tausend Menschen, wurde erst in das oberösterreichische Konzentrationslager Mauthausen gebracht, von wo aus Deportierte in das Außenlager Melk überstellt wurden. Dort mussten sie unter anderem der Rüstungsindustrie zuarbeiten.

Im Herbst des Jahres wurden um die 50.000 Menschen zum Bau des sogenannten Ost- beziehungsweise Südostwalls, der die Rote Armee hätte aufhalten sollen, an die »Reichsgrenze« von der Steiermark nach Niederösterreich gebracht. Hier waren sie in Baumgarten an der March, Bruck an der Leitha, Felixdorf, Lichtenwörth und Neunkirchen als Zwangsarbeiter eingesetzt worden. Die Zustände in diesen Lagern waren so schlimm, dass etwa im Lager Bruck an der Leitha bis März 1945 145 Zwangsarbeiter erfroren oder an Erschöpfung gestorben waren.

Dazu kam noch eine dritte Gruppe, die über ganz Niederösterreich verteilt als Zwangsarbeiter im untergehenden NS-Staat bei Aufräumarbeiten nach Fliegerangriffen, bei Straßenarbeiten oder auch Bachregulierungen, bei Bauunternehmen, beim Bau von Luftschutzbunkern, in der Landwirtschaft, in Ziegeleien u. a. unter schrecklichen Bedingungen, immer bedroht von weiterer Deportation in ein Vernichtungslager, arbeiten musste.

Ein besonders schrecklicher Tatort im Niederösterreich jener Tage war Strasshof, wo ab Juni 1944 über 15.000 ungarische Juden im »Durchgangslager« (errichtet 1941) ankamen und zunächst auch dort interniert wurden. In Strasshof befand sich einer der größten Bahnhöfe des »Deutschen Reichs«, der über einen Gleisanschluss zum nahe gelegenen Militärflugplatz verfügte. Bereits kurz

nach der Ankunft der Zwangsarbeiter brachen im Lager Epidemien aus; medizinische Versorgung war kaum vorhanden. Von den nach Strasshof Deportierten wurden zwischen 8700 und 8800 Zwangsarbeiter zu ihren neuen »Arbeitgebern« in verschiedene Orte gebracht: zunächst in weitere

Strasshof an der Nordbahn

»Verteilungslager« in Amstetten, Gänserndorf, Gmünd, Krems, St. Pölten, Stockerau sowie Wiener Neustadt, wo sie teilweise verblieben oder weiter in die jeweiligen Klein- und Kleinstlager kamen. Knapp über 170 solcher Lager gab es in Niederösterreich, ein Großteil davon mit weit weniger als hundert Lagerinsassen, da größere Lager eine aufwendigere Infrastruktur, was Bewachung und Versorgung anbelangt, erfordert hätten. Die Geschichte einiger dieser Lager – wie etwa jenes in Neunkirchen, in dem sich (teilweise in der ehemaligen Synagoge) eines der größeren Lager befand – sind erforscht, wohingegen über die Geschichte anderer wenig bekannt ist.

Im Lager Wiener Neustadt wurden die dortigen ungarisch-jüdischen Zwangsarbeiterinnen und Zwangsarbeiter – oft wurden ganze Familien gemeinsam in solche Lager deportiert – vor allem zum Aufräumen des Schutts oder für Bauarbeiten eingesetzt, da Wiener Neustadt als Rüstungsstandort von schweren Bombardements betroffen war. Kleinste Vergehen bei der Arbeit, die Kontaktaufnahme mit der lokalen Bevölkerung oder auch nur die Annahme von Essen oder Geschenken wie Kleidung wurden drakonisch mit Nahrungsentzug und Arrest bestraft. Schläge und weitere Misshandlungen waren an der Tagesordnung. Nicht selten kam es vor, dass Zwangsarbeiter völlig entkräftet zusammenbrachen. Durch den akuten Nahrungsmangel in Verbindung mit schlechter medizinischer Versorgung im Krankheitsfall – wobei sich dies von Lager zu Lager unterschied – und den oft furchtbaren hygienischen Verhältnissen kam es immer wieder zu Todesfällen.

Manche Lager bestanden nur kurze Zeit. Nachdem die Arbeitskräfte nicht mehr gebraucht wurden, zum Beispiel in Gloggnitz, wurden die Insassen teilweise nach Strasshof zurückgebracht, wo noch im Frühling 1945 eine der Lagerbaracken zur Gaskammer umgebaut wurde, oder in Laxenburg interniert, von wo aus sie in Vernichtungslager deportiert wurden. Andere Lager wiederum bestanden bis in die letzten Kriegstage. In Gmünd kamen sogar noch Ende Dezember 1944 1700 aus Ungarn verschleppte Jüdinnen und Juden an, die, teilweise schwer krank, im Februar 1945 nach Theresienstadt weitertransportiert wurden. Das Schicksal der Insassen der damals noch bestehenden Lager war unterschiedlich, teilweise wurden sie auf Todesmärsche ins Innere des

»Reichs« geschickt oder fielen Massenmorden zum Opfer, was den Zwangsarbeitern anderer Lagern, zum Beispiel in Wiener Neustadt oder Neunkirchen, erspart blieb.

Bis in die letzten Tage des Regimes kam es in Niederösterreich zu Massenvernichtungen. So in Göstling im Ybbstal, Bezirk Scheibbs, wo SS-Männer um drei Uhr nachts das dortige Barackenlager an vier Stellen anzündeten und danach mit Handgranaten und Maschinengewehren beschossen. Unter den 76 Ermordeten befanden sich vor allem Frauen und Kinder. In Emmersdorf an der Donau, gegenüber von Melk gelegen, wurden die Opfer gezwungen, ihre eigenen Gräber zu schaufeln.

Auf den letzten Transporten und Todesmärschen nach Mauthausen oder in eines seiner Außenlager (darunter Ebensee) kam es in den letzten Tagen vor Kriegsende zu den grausamsten Vorfällen. Schon auf den Todesmärschen starben Menschen an Erschöpfung oder wurden, wenn sie entkräftet zusammenbrachen, erschossen. In Randegg, im westlichen Niederösterreich, begingen Hitlerjungen, SS- und SA-Angehörige Mitte April ein Massaker an den zwei Tage zuvor in Scheibbs eingetroffenen Jüdinnen und Juden. Nicht weit davon entfernt wurde Hofamt Priel bei Persenbeug in der Nacht vom 3. zum 4. Mai Schauplatz eines Massakers an 223 ungarischen Juden. Bei den hier angeführten Beispielen handelt es sich nur um einige, die stellvertretend für die zahllosen Verbrechen an der jüdischen Bevölkerung Niederösterreichs beziehungsweise der hierher Deportierten stehen sollen.

Caroline Handler
Perchtoldsdorf

Nach ihrer Rückkehr aus New York nahm sie keine Kamera mehr zur Hand. Zwei Jahre zuvor war sie in den Big Apple gekommen, um ihre Ausbildung als Fotografin weiterzubringen. In Wien hatte sie bereits ein Jahr lang im Atelier des bekannten Fotografen Pedro Kramreiter gearbeitet und damit Fotografie quasi von der Pike auf gelernt, im Umfeld der täglichen Praxis. Nach dem Jahr wollte sie sich aber fachlich weiterbilden. Da ihr die sozial engagierte Fotografie einer Inge Morath, eines Walker Evans oder Gordon Parks am Herzen lag und sie das damals gerade erschienene Fotobuch »In This Proud Land« (eine fotografische Sozialreportage über die Vereinigten Staaten in Zeiten der Depression) begeistert hat, lag es für sie nahe, nach New York zu gehen. Am »International Center of Photography« bekam sie ein vorerst auf sechs Monate befristetes Praktikum und einen Studienplatz. Aus den sechs Monaten wurden zwei Jahre. Das »International Center of Photography« wurde im Jahr 1974 auf Initiative von Cornell Capa, dem jüngeren Bruder des berühmten Fotografen Robert Capa, als Museum, Forschungs- und Ausbildungsinstitut gegründet. Caroline Handler begann 1975 ihr Praktikum und Studium an diesem Institut, mitten in der Aufbruchsstimmung der ersten Jahre des Instituts. Sie arbeitete in der Ausstellungsabteilung, wo sie mithalf, Ausstellungen zu konzipieren und zu organisieren. Und jeden Tag war sie mit ihrer Kamera unterwegs, auf der Suche nach Motiven, versuchte ihren Stil und Ausdruck finden. Sie hatte den Eindruck, dass sie in den zwei Jahren die Kamera nicht einen Tag aus der Hand gegeben hat. Eine außergewöhnlich intensive Zeit. Letztendlich zu intensiv für sie; das führte schließlich dazu, dass sie in Wien keine Kamera mehr zur Hand nahm.

Caroline Handler wurde 1950 in London geboren. Ihren Eltern war es gelungen, der Schreckensherrschaft der Nationalsozialisten zu entkommen, unabhängig von einander. Ihrem Vater Fred Handler gelang es ein paar Tage vor dem »Anschluss« aus Wien auszureisen und nach London zu kommen. Ihre Mutter, die als Eva Dési in Budapest geboren wurde, konnte einige Jahre später ebenfalls nach London entkommen, wo sie sich kennenlernten und heirateten. Ihre Eltern hatten nicht geplant, nach Österreich zurückzukehren. Ihr Vater hatte eine solide Anstellung in der Metallbranche, er arbeitete als Vertreter für Dächer aus Aluminium. Was nicht bedeutete, dass Fred Handler nicht Sehnsucht nach seiner Heimat gehabt hätte, nach Wien, nach dem Semmering, generell nach der Natur in Österreich. Die Familie verbrachte auch regelmäßig ihren Urlaub in Österreich, wie in Bad Gastein, in Prein an der Rax oder in Reichenau, und Fred Handler war seit einigen Jahren auf der Suche nach einem Ferienhaus in der Semmeringregion.

Aber für ihn und seine Frau war in diesen Jahren klar, dass ihr Lebensmittelpunkt Großbritannien war. Doch das änderte sich im Jahr 1958. Seine Schwester Anni Handler hatte seit dem Ende des Zweiten Weltkrieges die Rückgabe des Familienunternehmens, der Firma »Koloman Handler« (eine Produktion für Ringmechaniken) betrieben. Es dauerte 13 Jahre bis die Firma der Familie restituiert wurde. Nun hatte sie endlich das Unternehmen wieder, aber sie selbst konnte es nicht führen. Daher wandte sie sich an ihren Bruder, der schon vor dem Krieg in der Firma gearbeitet hatte, und bot ihm an, als Geschäftsführer wieder nach Österreich zu kommen. So kam es, dass Caroline Handler, die zweisprachig aufgewachsen ist, mit acht Jahren nach Wien kam.

Sie besuchte das Lycée Français de Vienne, und nach der Matura begann sie Völkerkunde (außereuropäische Ethnologie) zu studieren. Nach zwei Jahren wechselte sie zum Studium nach Paris, wo sie innerhalb von zwei Jahren das Studium mit dem Magisterium abschloss. Sie kehrte nach Wien zurück und wandte sich der Fotografie zu. Zumindest für ein paar Jahre.

Bald darauf lernte sie in Wien ihren Mann kennen, den Schauspieler und Regisseur Joschi Hanak. Als er nach Klagenfurt engagiert wurde, ging sie mit ihm. Und gerade in der Hauptstadt von Kärnten fand sie so etwas wie ihre Berufung. Sie entdeckte ihre Liebe zum Buch. Sie wurde Buchhändlerin.

Ihre Affinität zur Literatur äußert sich auch in der Namensgebung ihres ersten Kindes. Ihren Sohn, der 1985 geboren wurde, gab sie den Namen Elias, als Referenz zum Literaturnobelpreis-Träger Elias Canetti. Im Jahr 1986 übersiedelte die Familie nach Perchtoldsdorf, wo 1987 ihre Tochter Naemi geboren wurde.

Mit der Erziehung ihrer Kinder trat plötzlich wieder ein Element in ihr Leben, das sie lange Jahre nicht beachtet hatte – ihr Jüdischsein. Mit ihren Eltern hat sie fast nie darüber gesprochen. Ihr Vater hatte auch nie über die Verfolgung durch die Nazis gesprochen, oder vom Schicksal vieler Familienmitglieder erzählt. Er wollte sie nicht mit der Geschichte traumatisieren. In nähere Berührung mit einem religiösen Judentum kam sie erst mit zwölf Jahren, als sie ab und zu mit ihrem Onkel, Karl Handler, den Sabbat feierte, oder er sie zum Pessach-Seder einlud. Zu ihrem 13. Geburtstag – quasi zur Bar Mitzwa – schenkte er ihr eine Kette mit einem Davidstern. Als ihr Vater die Kette sah, fragte er nur, warum sie das nun trage. Sie konnte darauf keine Antwort geben, nahm die Kette vom Hals und hat sie erst nach vierzig Jahren wieder umgehängt.

Sie ist in ihrer Schul- und Studienzeit auch niemals mit Antisemitismus konfrontiert gewesen. Diesbezüglich war das Lycée sowieso eine Art goldener Käfig, aufgrund der Internationalität der Schüler eine exterritoriale Insel ohne Rassismus und Antisemitismus. Völkerkunde studierten damals – in der Zeit der »Flower-Power-Bewegung« – auch ein sehr aufgeschlossener Personenkreis. Selbstverständlich war sie politisch engagiert, aber das ging nicht soweit, dass sie ihr Judentum dabei miteinbezogen hätte.

So kam es, dass eben erst ihre Kinder – oder ihre Rolle als Mutter – sie wieder nahe zum Judentum brachten. Das begann damit, dass man Chanukka feierte, was auch von ihrem – nichtjüdischen – Mann sehr unterstützt wurde. Trotzdem wusste sie nicht, wie sie reagieren sollte, als ihr vierjähriger Sohn plötzlich der Verkäuferin, die ihm ein Zuckerl geschenkt hat, in der Greißlerei in der Straße erzählt, dass die Familie gerade Chanukka gefeiert hatte. Sie verfiel nach diesem unfreiwilligen Outing. Sie bemerkte, dass sie noch immer die Einstellung von ihrem Vater in sich hatte, dass man seine jüdische Identität aus Vorsicht besser verborgen halten soll. Der nächste Knackpunkt war die Anmeldung des Jungen in der Schule, wo die Direktorin dann verschämt »mosaisch« in das Feld der Religion schrieb. Es fiel Caroline Handler auf, dass in

Österreich kaum einer fähig war, das Wort »Jude« oder »jüdisch« entweder auszusprechen oder auch nur irgendwo hinzuschreiben. Auf jeden Fall versuchte sie, ihren Kindern eine positive und (selbst-)bewusste jüdische Identität zu vermitteln. Das wurde auch damit versucht, dass sie und ihr Mann zu vielen Chanukka-Feiern auch Freunde der Kinder einluden.

Caroline Handler lebt ganz bewusst eine für sie zeitgemäße Form des Judentums, die sowohl religiöse Werte beinhaltet, wie sich mit der hebräischen Schrift vertraut zu machen, um Gebete in Hebräisch lesen zu können, als auch jenen Ansatz, für sich die vielfältigen Aspekte der Geschichte des Judentums aufzuarbeiten. Für sie ist es eine Wiederanknüpfung an vor langem durchtrennte Stricke.

Nach 1945

Nach dem Ende der NS-Herrschaft gab es nur selten freundliche Aufnahme für die überlebenden Jüdinnen und Juden, die in ihre Heimatorte zurückkehrten. So steht die Erzählung eines Buchhändlers, auch wenn dieser bereits zu Beginn des 20. Jahrhunderts zum Katholizismus konvertiert war, nicht alleine: Als er in seinem Heimatort Wolkersdorf aus dem von Wien kommenden Zug ausstieg und sich auf den Weg in Richtung Ortszentrum machte, wurde er bereits bei einem der ersten Häuser mit antisemitischen Sprüchen »begrüßt«. Jedoch schlossen sich nun die Fenster wieder, aus denen der Ruf erschallt war. Der über so lange Zeit verinnerlichte Antisemitismus war keineswegs verschwunden. Ähnlich erging es auch einem Tullner Geschäftsmann nach seiner Rückkehr, dem zum »Vorwurf« gemacht wurde, dass er sein eigenes Haus zurückbekommen hatte und wieder ein Geschäft betrieb. Auch wenn hier nur zwei Beispiele angeführt werden, so handelte es sich dabei keineswegs um Einzelfälle.

Auch das offizielle Österreich zeigte sich kaum interessiert an der Heimkehr der jüdischen Bürgerinnen und Bürger. In der »Opferrolle«, die sich Österreich geschickt als einen Mythos der Zweiten Republik aufgebaut hatte, gab es keinen Platz für die jüdischen Opfer. Antisemitismen bestanden und bestehen nach wie vor fort.

In Hollabrunn versuchte der ehemalige Vorstand der Kultusgemeinde, Emil Skutetzky, gemeinsam mit den wenigen Juden, die nach Hollabrunn zurückgekehrt waren, die IKG wieder zum Leben zu erwecken. Im Zuge der Restitutionsverhandlungen, die sich höchst schwierig gestalteten, spricht er in einem Schreiben von 1947 sogar davon, dass die »Israelitische Kultusgemeinde Hollabrunn ihre Tätigkeit wieder aufgenommen hat«. Zu einer neuen Gemeindegründung kam es aber nicht, der Restitution wurden immer wieder Steine in den Weg gelegt. Emil Skutetzky und andere Rückkehrer verließen Hollabrunn wieder, Rechtsnachfolger wurde die IKG Wien.

1950 gab es den Versuch, eine eigene Israeltische Kultusgemeinde für das Weinviertel zu gründen, der vom zurückgekehrten ehemaligen Vorsteher der Groß-Enzersdorfer Gemeinde, Hugo Winkler, ausging. Zu dieser hätten die ehemaligen Kultusgemeinden in Gänserndorf, Mistelbach, Groß-Enzersdorf, Stockerau und Hollabrunn gehören sollen; der Sitz sollte in Groß-Enzersdorf sein. Winkler hatte gehofft, dass genügend Überlebende hierher zurückkehren würden – seine Hoffnungen erfüllten sich aber nicht.

Seit 1951 ist aufgrund eines Erlasses des Unterrichtsministeriums die IKG Wien für Niederösterreich zuständig. Diese betrieb auch die Restitutionsverhandlungen um den Besitz der ehemaligen niederösterreichischen Gemeinden.

Auch die Schändungen von Friedhöfen hörten mit dem Ende der NS-Herrschaft keineswegs auf und blieben nicht nur auf die unmittelbaren Nachkriegsjahre beschränkt, ja sie ziehen sich auch in Niederösterreich bis in die jüngste Vergangenheit.

Ein Gemeindeleben in Niederösterreich, wie es vor 1938 existierte, konnte sich nicht mehr entfalten. Nur wenige, die die Schrecken der Shoah überlebt hatten, waren zurückgekehrt.

Seit 1965 bestand in Schloss Schönau an der Triesting im Industrieviertel ein Übergangslager für jüdische Flüchtlinge, vor allem aus der Sowjetunion, die nach Israel emigrierten. Da hielten sich – wenn auch nur kurzfristig – größere Gruppen von Jüdinnen und Juden in Niederösterreich auf. Im Jahr 1973 fand dies vor dem Hintergrund des israelisch-palästinensischen Konflikts jedoch ein abruptes Ende. Damals nahmen zwei Palästinenser im niederösterreichischen Grenzbahnhof Marchegg einen Zollwachebeamten, eine Frau und zwei Männer, die aus der Sowjetunion angekommen waren, als Geiseln, um so die Schließung des Transitlagers in Schönau zu erzwingen. Die österreichische Regierung unter Kreisky gab den Forderungen nach, womit zwar die Geiselnahme zu einem unblutigen Ende kam, jedoch eine Verstimmung mit Israel heraufbeschwor. Die Sperrung von Schönau konnte jedoch durch die Einrichtung der »Hilfsstelle Wöllersdorf bei Wiener Neustadt des Landesverbandes des Roten Kreuzes Niederösterreich für Flüchtlinge und andere Durchreisende« kompensiert werden, über die weiterhin die Emigration jüdischer Flüchtlinge aus dem Ostblock nach Israel ermöglicht wurde.

Lange wurde dem jüdischen Erbe in Niederösterreich kaum Beachtung geschenkt. Die Reste von Synagogen oder auch andere noch existierende Gebäude in Mistelbach, Groß-Enzersdorf, Krems, Mödling, Neunkirchen, Klosterneuburg und Wiener Neustadt wurden abgerissen. Obwohl die Synagoge in Wiener Neustadt im Zuge des Novemberpogroms 1938 nicht so stark in Mitleidenschaft gezogen wurde und auch die Bombardements des für die NS-Rüstungsindustrie wichtigen Standortes relativ glimpflich überstanden hatte, wurde sie 1952 abgerissen.

Luba & Jankel Tultschinsky
Gänserndorf

Obwohl die Donau die Republik Moldawien nur auf wenigen hundert Metern streift, hat dieser Strom für Luba und Jankel Tultschinsky eine besondere Bedeutung. War dieser Wasserlauf doch ihre Verbindung nach Wien und damit ihr Weg in die Freiheit.

Die beiden stammen aus der Stadt Bălți, auf Deutsch Belz, der zweitgrößten Stadt Moldawiens mit zirka 148.000 Einwohnern. Dort wurde Jankel Tultschinsky im Jahr 1948 und Luba Eisenberg im Jahr 1950 geboren. Beide haben an der Pädagogischen Universität in Belz Mathematik studiert und vorerst als Lehrer gearbeitet. Geheiratet haben sie im Jahr 1972. Für Jankel war der Lehrerberuf aber nur ein Übergang, denn bald wechselte er in die Wirtschaft, arbeitete für eine Bierbrauerei, eine Nähfabrik und ein Kombinat. Durch die Arbeit in diesem Kombinat wurde ihm 1985 angeboten, an einer 21-tägigen Donaukreuzfahrt teilzunehmen. Und diese Reise brachte ihn zum ersten Mal in die Donaumetropole. Zu dieser Zeit lebten mehr als hundert Personen aus Belz in der Stadt. Jankel traf einen Freund, der bereits 1979 nach Wien geflohen war, auf dem Schiff und sie begannen über die Stadt, das Leben und die Berufsaussichten zu reden. Jankel kehrte zurück nach Moldawien und erzählte Luba von seinen Eindrücken.

Im Jahr 1987 unternahmen beide gemeinsam die Schiffsreise und wieder war Wien eine Anlaufstelle. Luba war von der Stadt sofort begeistert und fühlte sich wohl. Hinzu kam, dass sie sehr gut Deutsch sprach, da sie es schon in der Schule gelernt hat. In Belz begannen sie nun ihre Flucht aus der Sowjetunion zu planen, denn Moldawien war zu der Zeit noch immer eine Teilrepublik der UdSSR. Schon ein Jahr vor ihrer illegalen Ausreise hatte Jankel für sich und seinen Sohn Ilja, der 1973 geboren wurde, privaten Deutschunterricht organisiert. Im Jahr 1990 war es dann soweit. So unauffällig wie möglich, haben sie versucht, Möbel und andere Dinge zu verkaufen, um Geld für die Flucht aufzustellen. Das meiste mussten sie jedoch zurücklassen. Wieder bestiegen sie ein Donaudampfschiff, diesmal mit ihrem Sohn, um eine Urlaubsreise anzutreten. Am 15. Juli 1990 legten sie in Wien an und verließen das Schiff und damit ihre frühere Heimat. Die Entscheidung ist ihnen auch deshalb umso leichter gefallen, da die Lage in der Sowjetunion und in deren Teilrepubliken immer fragiler geworden ist. Gerade in Moldawien, diesem Landstrich zwischen der Ukraine und Rumänien und einer stark nationalistischen russischen Minderheit, im heutigen Transnistrien, waren nationalistische und antisemitische Tendenzen plötzlich wieder an der Tagesordnung.

Jankel und Luba haben ihre Flucht fast minutiös, mathematisch genau geplant. Es war ihnen klar, dass der Neuanfang in Österreich nicht leicht sein würde, sie haben sich da keine Illusionen gemacht. Jankel hatte seine Frau auch darauf vorbereitet, dass es für ihn wahrscheinlich schwer sein würde, hier einen adäquaten Job zu finden. Dafür waren seine Deutschkenntnisse noch zu gering. Für Luba haben sie noch in Belz einen Job gefunden.

Am 16. Juli 1990, nur einen Tag nach ihrer Ankunft, ist sie um fünf Uhr morgens schon zur Arbeit gegangen. Sie begann als Verkäuferin in einem Geschäft einer befreundeten Familie zu arbeiten. In der Hektik der Neuorganisierung ihres Lebens, die Familie wohnte lediglich neun Tage in der Wohnung eines Freundes, bis sie eine Mietwohnung im 3. Bezirk gefunden hatten, übersahen sie die Frist, um sich als Flüchtlinge zu melden. Sie schafften dies erst nach elf Tagen, anstatt nach der geforderten vier. Keine Chance mehr. Da hat ihnen die jüdische Gemeinde weitergeholfen, in dem sie ihnen, da sie beide Akademiker waren, ein Stipendium verschafften. Die Anfangsjahre waren schwer für die Tultschinskys: Luba hatte zwar eine fixe Stelle, aber eben in einem ganz anderen Metier als in Belz. Jankel musste sich mit Gelegenheitsjobs seinen Lohn verdienen. Aber die Situation verbesserte sich in den folgenden Jahren. Jankel machte sich mit einer Import-Export-Firma selbstständig, begann auch mit Immobilien zu handeln und hatte damit Erfolg. Luba konnte wieder in ihren angestammten Beruf zurückkehren und fand eine Anstellung beim Comenius-Institut und arbeitete dort als

Pädagogin und Erzieherin. Die österreichische Staatsbürgerschaft bekamen sie bereits im Jahr 1995.

Über die Anfangsjahre zollt Jankel bis heute seiner Frau höchsten Respekt und unterstreicht, wie mutig es gewesen war, dass sie sich von einem Tag auf den anderen in einem fremden Land so behaupten konnte. Wahrscheinlich liegt in dieser Dankbarkeit einer der Gründe, warum sie nach Gänserndorf gezogen sind. Denn sie wollte unbedingt ein Haus mit einem Garten im Großraum von Wien.

Und das haben sie 1997 in Gänserndorf gefunden.

Am Anfang war Jankel für das Landleben nicht geschaffen. Wie viele Bewohner der Stadt in ihrer Freizeit in die Natur fahren, drehte er den Spieß um: In den ersten Monaten fuhr er, nachdem er schon von seiner Arbeit nach Gänserndorf gekommen war, am Abend wieder nach Wien, um – meist ziellos – in der Stadt spazieren zu gehen. Für ihn waren das Umfeld der Stadt, die Geräusche, die Lichter und Menschen um ihn herum wichtig. Da konnte er sich am besten konzentrieren und nachdenken. Die Ruhelosigkeit hat Jankel in den letzten Jahren abgebaut, auch weil er wegen stressbedingter Krankheiten zurückschalten musste. Nun kann er das Haus, das das Ehepaar seit ihrem Einzug schon einige Male umgebaut und adaptiert hat, und die Ruhe genießen. Manchmal passiert es auch, dass er Luba im Garten hilft. Aber das sei, wie sie meint, noch ausbaufähig.

Wenn sie heute abends nach Wien aufbrechen, dann haben sie ein genaues Ziel. Und die Ziele haben meist mit dem Theater oder der Oper zu tun. Sie besuchen Theater- und Opernaufführungen, unterstützen junge Opernsängerinnen, wie die aus Moldawien stammende Inna Los, oder fungieren als Sponsor, wenn es darum geht, einer Theatergruppe aus Russland eine Aufführungsserie mit Isaac Bashevi Singers Stück »Späte Liebe« in Wien zu ermöglichen. Bei dieser Produktion hat es Jankel etwas geärgert, dass er von der Kultusgemeinde keine Unterstützung bekommen hatte, obwohl er versucht hat, Oscar Deutsch klar zu machen, wie bekannt die Schauspieler dieses Ensembles in Russland sind. Jeder, der immer größer werdenden jüdischen Gemeinde, die aus der ehemaligen Sowjetunion eingewandert sind, kennt die Darsteller. Ihre Bekanntheit sei vergleichbar mit jener von Otto Schenk hierzulande. Aber auch der Vergleich hat nicht geholfen. Es wäre eine ausgezeichnete Möglichkeit für die IKG gewesen, ein Zeichen für diese Gemeindemitglieder zu setzen, meint Jankel.

In Gänserndorf selbst leben sie eher zurückgezogen. Luba kümmert sich bereitwillig um den jüdischen Friedhof, wo sie auch zwei Marmortafeln im Gedenken an ihre und Jankels Eltern anbringen ließ. Ihr Judentum haben sie eigentlich erst in Österreich entdeckt, denn in der Sowjetunion vermied man, als Jude zu präsent zu sein. Obwohl sich beide noch erinnern können, dass ihre Eltern untereinander noch Jiddisch gesprochen haben. Aber wenn, dann wurden lediglich ein paar jüdische Feiertage eingehalten. In Wien besuchten sie den Tempel und sind natürlich Mitglieder der Kultusgemeinde. Aber in Gänserndorf selbst feiern sie manchmal den Sabbat gemeinsam mit der zweiten jüdischen Familie der Stadt, den Ehrenfreunds.

Im August 2013 geht Jankel in Pension. Formell, denn ganz abschalten wird er nicht können, vermutet nicht nur seine Frau Luba. Aber unter Umständen kanalisiert er seine Energien und ist dann öfter bei ihr im Garten zu finden, handanlegenderweise.

Zeugnisse jüdischer Vergangenheit in Niederösterreich

Die Friedhöfe

In vielen Orten sind es nur noch die Friedhöfe, die vom einstigen jüdischen Gemeindeleben zeugen.

Was Besuchern eines jüdischen Friedhofs sofort ins Auge fällt, sind die Steine auf den Gräbern. Dies hat verschiedene Hintergründe, für die es Dutzende Erklärungen gibt. So kann das Ablegen eines Steines als Zeichen gewertet werden, dass das Grab besucht wurde. Aber es gibt auch Erklärungen, die sich aus der Geschichte des Volkes Israel ableiten: In der Wüste wurden Gräber mit Steinen beschwert, um sie vor Tieren zu schützen, und bevor es üblich wurde, Grabsteine zu setzen, mit Steinen gekennzeichnet. Hinzu kommen Erklärungen, die sich auf den symbolhaften Charakter des Ablegens von Steinchen beziehen, wie die Erhöhung des Grabes und den Weiterbau am Werk des Verstorbenen. Auch sind sie Ausdruck des Vertrauens auf Gottes Wirken.

Im Lauf der Jahrzehnte verfielen die Friedhöfe, sofern sie noch existierten, zunehmend. In die niederösterreichischen Gemeinden, in denen sie sich befinden, sind nur wenige Überlebende der Shoah zurückgekehrt. Die Kultusgemeinden, die für die Friedhöfe Sorge trugen, waren längst ausgelöscht. Auch die IKG Wien als Eigentümer konnte die Pflege aller Friedhöfe freilich nicht übernehmen. Trotzdem begannen bereits Ende der 1940er-, Anfang der 1950er-Jahre Sanierungsmaßnahmen, teilweise auch in Zusammenhang mit Restitutionsverhandlungen. Man sah sich aber vor das schier unlösbare Problem gestellt, die Erhaltung aller Friedhöfe zu gewährleisten, an denen

Der jüdische Friedhof in Gänserndorf

neben den Zerstörungen auch zunehmend der Zahn der Zeit nagte. Ab den 1970er-Jahren erklärten sich einige Orte bereit, eine rudimentäre Pflege der Friedhöfe zu übernehmen. Es wurde vertraglich festgehalten, dass der Rasen vierteljährlich gemäht und die Friedhofsmauer instand gehalten wird. Außerdem sollen etwaige umgestürzte Grabsteine mit der Inschrift auf der Oberseite auf die jeweiligen Gräber gelegt werden und bei den Arbeiten jüdische Gebote, wie das Tragen einer Kopfbedeckung auf dem Friedhof und die Einhaltung des Sabbats, beachtet werden. Zu den drei Städten, die das zwischen 1971 und 1978 vertraglich zusicherten – Mödling, Gänserndorf und Mistelbach –, kamen im Jahr des fünfzigjährigen Gedenkens an den »Anschluss« Österreichs 1988 die Orte Klosterneuburg, Michelhausen (zu dem der Friedhof Michelndorf gehört), Neunkirchen, Wiener Neustadt sowie Zwettl; ein Jahr später folgte Hollabrunn.

1991 gründete das Ehepaar Pagler gemeinsam mit der Historikerin Erika Weinzierl und dem Architekten Friedrich Rollwagen den Verein »Schalom«, der sich in den folgenden Jahren der jüdischen Friedhöfe annahm. Oder auch der von Ida Olga Höfler initiierte »Helikon – Verein für Geschichte, Kunst und Kultur«, der besonders im Nordosten des Landes seine Wirkung entfaltet. In der Folge sollen einige dieser Friedhöfe kurz vorgestellt werden.

Baden

Der jüdische Friedhof Badens ist der größte in Niederösterreich. Einerseits zählte ja die Badener Gemeinde selbst schon zu den größten Österreichs, hinzu kam aber auch noch die Bedeutung Badens als Kurort, der in der ganzen k. u. k. Monarchie und auch darüber hinaus Rang und Namen hatte. So finden sich unter den Bestatteten auch Kurgäste aus der ganzen Österreichisch-Ungarischen Monarchie. Die 1904 erbaute Zeremonialhalle fiel dem Novemberpogrom 1938 zum Opfer. Heute ist der Badener jüdische Friedhof der einzige in Niederösterreich, auf dem regelmäßig Begräbnisse stattfinden.

Gänserndorf

Bis in das Jahr 1938 fanden Begräbnisse auf dem jüdischen Friedhof von Gänserndorf statt, der 1884 angelegt wurde. Nach der NS-Zeit, während der zahlreiche Grabsteine gestohlen worden waren, befand sich der Friedhof in einem sehr schlechten Zustand. Eine erste Sanierung ließ die IKG Wien durchführen. Eine weitere erfolgte in den 1990er-Jahren durch den Verein »Schalom«. Trotz einer Schändung vor etwa zehn Jahren, gehört der Friedhof zu den am besten gepflegten Österreichs.

Göttsbach (Ybbs)

Das Gelände des Friedhofs wurde 1889 von der damals noch in Ybbs ansässigen Kultusgemeinde Amstetten angekauft, nachdem der alte, auch in der Nähe von Ybbs gelegene Friedhof in Griesheim bereits stark belegt war. 1894 wurden die Mauer des Friedhofs und die Zeremonialhalle errichtet und der Vorgänger-Friedhof nicht mehr belegt. Beide Friedhöfe wurden 1939 von der Stadt Ybbs übernommen und 1940 arisiert. Da die ursprünglichen Aufstellungsorte am Friedhof Göttsbach nicht mehr lokalisierbar waren, wurden die Steine in einer Doppelreihe im Zentrum des Friedhofs aufgestellt.

Groß-Enzersdorf

Der 1889 angelegte jüdische Friedhof wurde in der NS-Zeit aufs Schwerste geschändet. Grabsteine wurden gestohlen, fast alle anderen umgestoßen und auch die Einfassungen der Gräber zerstört. Die Stadt Wien, der Groß-Enzersdorf 1938 zugeschlagen wurde, »arisierte« das Areal. In den 1950er-Jahren führte die IKG Wien erste Sanierungsmaßnahmen durch. 1994 gab es eine Generalsanierung durch den Verein »Schalom«.

Horn

Ein erster Friedhof war neben einem preußischen Soldatenfriedhof angelegt worden, der – nachdem im preußischen Militär die Cholera ausgebrochen war – 1866 entstanden war. 1873 wurde ein Areal für einen neuen Friedhof angekauft, der nicht so weit entfernt von der Stadt lag. Nicht nur 1938, auch schon in der Zeit der k. u. k. Monarchie war der Friedhof wiederholt geschändet worden und erneut zwischen 1955 und 1962. Horn hatten sich aber bereits 1948/49 um die Erhaltung des Friedhofs bemüht.

Klosterneuburg

Auslöser für die Anlage des jüdischen Friedhofs in Klosterneuburg war der Tod von Gemeindemitgliedern infolge einer ansteckenden Krankheit. Im Fall von Klosterneuburg war dies die Cholera, die 1873 die Überführung der beiden Verstorbenen auf einen jüdischen Friedhof verhinderte. Aufgrund des behördlichen Verbots fanden auch hier die Bestattungen am christlichen Friedhof des Ortes statt. 1874 wurden die beiden Toten exhumiert und auf dem neu angelegten jüdischen Friedhof bestattet. Heute gibt es ein eigenes Komitee zur Erhaltung des Friedhofs.

Korneuburg

Der Friedhof von Korneuburg wurde im Ersten Weltkrieg zwischen 1915 und 1917 von einem k. u. k. Regiment angelegt. Das erste Begräbnis fand 1918 statt, das letzte 1959. 1943 sollte der Friedhof aufgelassen werden. Dazu kam es nicht gänzlich, und so sind heute noch einige Gräber erhalten.

Krems

In Krems, wo sich ja bereits im Mittelalter bis zur »Wiener Gesera« 1420/21 ein jüdischer Zentralfriedhof befunden hatte, bestand seit 1853 einer der ersten im 19. Jahrhundert angelegten jüdischen Friedhöfe. Dieser war bereits nach nicht einmal dreißig Jahren überbelegt, weshalb 1882 der Friedhof am heutigen Standort errichtet wurde. 1943 wurden auf dem Friedhof Baracken für Kriegsgefangene errichtet.

Mistelbach

1891 wurde im Zuge der Erweiterung des christlichen Friedhofs in Mistelbach auch eine kleine jüdische Abteilung angelegt. Das Grundstück, auf dem sich der heutige jüdische Friedhof befindet, wurde 1898 gekauft und ab 1900 belegt. Die wenigen in der jüdischen Abteilung des Gemeindefriedhofs Bestatteten, zumeist Kinder, wurden 1907 – nach einem Jahre lang währenden Streit um die Zuständigkeit mit der Stadt Mistelbach – exhumiert und auf den neuen Friedhof überführt.

St. Pölten (Alter Friedhof und Neuer Friedhof)

Der alte jüdische Friedhof von St. Pölten war nach dem alten Kremser Friedhof der zweite jüdische Friedhof, der in Niederösterreich angelegt wurde. Der Friedhof wurde von 1859 bis 1906 belegt. Während des NS-Regimes wurden alle Grabsteine entfernt. Heute befindet sich am Gelände des alten Friedhofs ein Gedenkstein.

Der neue Friedhof in St. Pölten wurde 1906 eröffnet und wie der alte durch die Stadt St. Pölten »arisiert« und teilweise zerstört.

Waidhofen an der Thaya

Der jüdische Friedhof von Waidhofen bestand seit 1892. »Anschluss« und Novemberpogrom überstand der Friedhof wohl unbeschadet, aber 1940 wurde der Friedhof von der Stadt Waidhofen »arisiert«. Von der Zeremonialhalle, die heute noch in umgebauten Zustand erhalten ist, wurden die Gesetzestafeln abgenommen und die Zeremonialhalle zu einem städtischen Aufbahrungshaus gemacht.

Wiener Neustadt

Am 20. November 1889 fand auf dem neuen Friedhof das erste, im Jahr 1938 das letzte Begräbnis statt. Insgesamt befinden sich 250 Gräber auf dem Friedhof, der von der Stadt Wiener Neustadt gepflegt wird. Auch fünf mittelalterliche Grabsteine, die 2007 gefunden und restauriert wurden, befinden sich hier. Darunter ist auch ein sehr früher Grabstein aus dem Jahr 1268, der übrigens dem ältesten jüdischen Grabstein Österreichs ähnlich ist.

Neben den hier angeführten Friedhöfen gab und gibt es in Niederösterreich noch weitere in Bad Pirawarth, Deutsch-Wagram, Dürnkrut, Hohenau, Hollabrunn, Marchegg, Michelndorf, Mödling, Neulengbach, Neunkirchen, Oberstockstall, Stockerau und Tulln. Mahnmale und Massengräber für ungarisch-jüdische Zwangsarbeiter in Niederösterreich befinden sich unter anderem in Bad Deutsch-Altenburg, Bruck an der Leitha, Ennsdorf, Felixdorf, Göstling und Straßhof.

Die Synagogen

Zu den wenigen erhaltenen Zeugnissen jüdischen Lebens in Niederösterreich zählen auch die Synagogen, oder wie im Fall Klosterneuburgs, Teile der Synagoge, von der noch ein Stück des Wohntraktes mit markantem Erker existiert. In Gänserndorf, Hollabrunn, Stockerau und Horn sind zwar die Gebäude, in denen sich die Synagogen befanden, in mehr oder weniger veränderter Form erhalten, ihrer einstigen Funktion jedoch beraubt. In Neunkirchen wiederum sind nur die Grundmauern der Synagoge mit einer kleinen Gedenktafel erhalten, die an die Zerstörung in der Reichspogromnacht und der über hundert ungarisch-jüdischen Zwangsarbeiter gedenkt, die dort bis April 1945 untergebracht waren.

Auch aus dem Mittelalter sind noch Reste von Synagogen erhalten. Besonders gut ist die Synagoge von Bruck an der Leitha erhalten, die im zweiten Drittel des 14. Jahrhunderts entstanden ist. Unter anderem kann man noch heute zwei Schlusssteine, mit sich in Rosettenform öffnenden Blättern, betrachten. In ihrer Anlage entspricht die Synagoge der typischen Bauform, wie sie in ganz Mitteleuropa, speziell aber im Gebiet des Herzogtums Österreich, vom Ende des 13. bis zur Mitte des 15. Jahrhunderts ausgeführt wurde. Schon Mitte des 19. Jahrhunderts und später in den 1920er-Jahren wurde in stadthistorischen Publikationen die Vermutung geäußert, dass es sich bei dem gotischen Bau um eine Synagoge handle. Bestätigt wurde diese Annahme erst Mitte der 1980er-Jahre, als man sich erneut mit diesem Gebäude beschäftigte. Die längste Zeit über wurde der Bau als gotische Niklaskapelle angesehen. So ist es eine Ironie der Geschichte, dass die Synagoge ausgerechnet nach der Machtergreifung der Nationalsozialisten 1938 unter Denkmalschutz gestellt wurde.

Noch weiter geht die Geschichte der Synagoge von Korneuburg zurück. Sie entstand bereits im ersten Viertel des 14. Jahrhunderts, war die größte Synagoge Österreichs in dieser Zeit und ist die älteste erhaltene in Niederösterreich. Sogar die Nische für den Thoraschrein ist heute noch erkennbar. 1420 wurde die Synagoge im Zuge der »Wiener Gesera« beschlagnahmt und hatte seitdem ein sehr wechselvolles Schicksal. Zuerst wurde sie als landesfürstlicher Schüttkasten genutzt, später vermietete die Stadt sie an Handwerker, seit Ende des 16. Jahrhunderts war sie eine Mühle, wovon noch die Bezeichnung »Rossmühle« herrührt. Als herausragendes Baudenkmal wurde sie 1980 unter Denkmalschutz gestellt. Leider ist die Nutzung des so bedeutenden Bauwerks als Schuppen alles andere als adäquat.

Zwar älter, aber nur noch in Fragmenten bestehend, ist die Synagoge von Tulln, die bis in das späte 13. Jahrhundert zurückgeht. Es sind nur noch Reste einer Mauer mit zwei Lanzettfenster erhalten, die erst vor zehn Jahren entdeckt wurden. Auch sie erfuhr nach 1420/21 verschiedenste Nutzungen (als Gefängnis und Gerichtsdienerhaus).

Bauliche Überreste von vermutlich mittelalterlichen Synagogen gibt es auch in Klosterneuburg und Neulengbach, jedoch lassen diese kaum mehr Aussagen über die Gebäude zu. Von der mittelalterlichen Mödlinger Synagoge ist nur noch deren mutmaßliche Tür mit dem siebenarmigen Leuchter erhalten, die aus der Zeit um 1400 stammen soll und heute im dortigen Stadtmuseum ausgestellt ist. Reine Spekulation ist hingegen die Identifikation eines mittelalterlichen Hauses in Hainburg als Synagoge.

Elie Rosen
Baden

Bei manchen Artikeln und Leserbriefen fühlte er sich an die schlimmen Auswüchse nationalsozialistischer Propaganda erinnert. Da wurden in Artikeln antisemitische Unterstellungen und Klischees bedient, Leserbriefe mit antisemitischen Diffamierungen unwidersprochen veröffentlicht. Da wurden potenzielle Geldgeber an der Ostküste herbeizitiert, die Frage gestellt, warum die Stadt dafür Geld bereitstellen sollte, oder die »Leiden der Bevölkerung an der Besatzungszeit der Russen« der Vertreibung, Deportation und Ermordung der Juden gegenübergestellt. Der Auslöser dieser geschmacklosen Diskussion war die Frage, welches Budget die Stadt Baden zur Renovierung und Wiederinstandsetzung der Synagoge bereitstellen sollte. Andere Geldgeber, wie das Land Niederösterreich, der Bund und die Kultusgemeinde Wien, hatten die notwendigen Mittel bereits bewilligt, lediglich die verantwortlichen Politiker der Gemeinde Baden legte, sich noch quer. Und das nach einer Diskussion und Auseinandersetzung, die schon fast 15 Jahre andauerten.

Es war das Jahr 1988 als Elie Rosen gemeinsam mit seinem Großcousin, dem Künstler Georg Chaimowicz, daran ging, die ehemalige Synagoge vor dem Abriss zu retten. Im selben Jahr ist auch Josef Leitner verstorben, der bis dahin den Badener Synagogenverein geleitet hatte und in einem modrigen, unbeheizbaren Saal die Gottesdienste abhielt. Die Gottesdienste fanden in diesem Bethaus nur von Mai bis Oktober statt, denn während dieser Monate befanden sich meist so viele jüdische Kurgäste in der Stadt, um einen Minjan zusammenzubringen. In den

1960er- und 1970er-Jahren hatten die Gottesdienste neben dem religiösen noch einen gesellschaftlichen Aspekt. Es war Tradition, dass man sich am Schabbes nach dem Gottesdienst im Parkhotel beim Kurpark auf der Terrasse traf. Dieses Kurpublikum, das schon vor dem Zweiten Weltkrieg regelmäßig in die Stadt kam und diese Tradition auch nach dem Krieg fortführte, ist aber mit den Jahren ausgestorben. Diese Erinnerung begründete sich darauf, dass in Baden vor dem Krieg die drittgrößte jüdische Gemeinde in Österreich zu finden war, und damit war verbunden, dass die Kurstadt auf eine ausgezeichnete Infrastruktur bei kosheren Restaurants und Geschäften verweisen konnte. All dies, das sichtbare jüdische Leben in der Stadt, schien in den Jahren nach dem Krieg immer mehr in Vergessenheit zu geraten. Allein die Ruine der Synagoge blieb sicht- und wahrnehmbar. Und die sollte 1988 endgültig abgerissen werden. Die Wiener Kultusgemeinde plante das Grundstück an den REWE-Konzern zu verkaufen, der auf dem Grundstück ein Einkaufszentrum errichten wollte, in das er ein Bethaus integrieren wollte. Dagegen lief Elie Rosen Sturm – gerade im Gedenkjahr – fünfzig Jahre nach dem »Anschluss« und nach den Novemberpogromen – war es für ihn undenkbar, dass eine der letzten Synagogen in Niederösterreich, und gerade die in Baden, abgetragen werden sollte. Ein Bericht des britischen Fernsehsenders BBC und Artikel in der *Badener Zeitung* sensibilisierten die Öffentlichkeit etwas, aber auf jeden Fall die Verantwortlichen der IKG. Elie Rosen konnte sich mit der Kultusgemeinde auf den Fortbestand und die Renovierung einigen, und ihm wurde gleichzeitig finanzielle Unterstützung zugesagt. Mit Bund und Land einigte man sich darauf, dass jeder ein Viertel zum notwendigen Budget beitragen würde. Auch die Stadt unter dem damaligen Bürgermeister Breininger sagte dem Plan seine Unterstützung zu, wenn auch, wie Elie Rosen unterstreicht, mit dem Hintergedanken der städtischen Gremien, dass die Beteiligten die notwendigen Gelder letztendlich doch nicht aufstellen würden. Und es erforderte einiges an Durchhaltevermögen bis Elie Rosen, der im Brotberuf als Richter am Asylgericht in Wien arbeitet, seinen Plan realisieren konnte.

Erst 17 Jahre später, am 15. September 2005, wurde die neue Synagoge feierlich wiedereröffnet. Im Bundesland Niederösterreich ist Baden nun die einzige Stadt, in der es nach dem Zweiten Weltkrieg gelungen ist, wieder eine aktive jüdische Gemeinde zu etablieren.

Woran aber lag es, dass es solche Widerstände gegen die Renovierung und die Reaktivierung einer jüdischen Gemeinde gab? In einer Stadt, die sich nur zu gerne mit Namen, wie jene des Regisseurs und Schauspielers Max Reinhardt, des Journalisten und Autors Hugo Bettauer oder des Mediziners und Nobelpreisträgers Karl Landsteiner, schmückt, wenn es darum geht, berühmte Bürger der Stadt hervorzuheben?

Für Elie Rosen liegt das darin begründet, dass wahrscheinlich bis zum heutigen Tag die Geschichte der jüdischen Gemeinde wenig bis gar nicht aufgearbeitet wurde. Wurde in Österreich – wenn auch sehr spät, aber doch – seit Mitte der 1980er-Jahre eine intensive Diskussion über die Mitverantwortung des Landes an den Verbrechen in der Zeit des Nationalsozialismus geführt, ging man dieser Auseinandersetzung in Baden, der wie einst – wie erwähnt – drittgrößten jüdischen Gemeinde in Österreich, aus dem Weg. Die Bedeutung der jüdischen Gemeinde wurde negiert, oder ganz unter den Teppich gekehrt. Namen, denen man in Baden regelmäßig (oft an Gebäuden) begegnete, wie bei den Villen der Familien Hahn, Epstein oder Jellinek, wurden zu inhaltsleeren, steinernen Monumenten einer unaufgearbeiteten Vergangenheit. Ebenso der jüdische Friedhof, der lange Jahre als ein dem Verfall preisgegebener Ort ohne Hinweis auf seine Geschichte wirkte. Selbst an den örtlichen Schulen wurde kein Wert darauf gelegt, diesen wesentlichen Teil der Geschichte der Stadt zu vermitteln. Darüber erfuhren viele Schüler erst, als sie Baden verlassen haben und in Wien studierten.

Es gibt keine kommunale Erinnerung, kein Gedenkmal und selbst Erinnerungszeichen, wie sie etwa die Aktion »Stolpersteine« veranlasst, die schon in vielen Orten (wie in Mödling) realisiert wurde, war in Baden nicht möglich und wurde unter anderem mit der Bemerkung, es könnte jemand auf den in den Boden eingelassenen, kleinen Steinen oder Plaketten ausrutschen, abgelehnt. Die Erfahrung hat Elie Rosen gelehrt, dass nur wenigen Menschen in Baden bewusst ist, welche Bedeutung die jüdische Gemeinde und Kultur für die Stadt gehabt hat.

Dies ins Bewusstsein zu bringen, ist für Elie Rosen eine der Zielsetzungen der jüdischen Gemeinde in Baden – und das auf zwei Ebenen. Auf der einen Ebene geht es um das (religiöse) jüdische Leben: Selbstverständlich hat die Wiederinstandsetzung der Synagoge anfänglich großes Interesse hervorgerufen und Jüdinnen und Juden aus den umliegenden Orten besuchten regelmäßig die Gottesdienste. Da sich das Einzugsgebiet über Mauer, Theresienfeld, Ebergassing bis nach Pitten erstreckt, wird es für diese Gemeindemitglieder – meist der älteren Generation – immer anstrengender extra für den Gottesdienst und Kiddusch nach Baden und danach wieder zurückzufahren. Daher versucht der im März 1971 geborene Rosen verstärkt, Familien zu überzeugen, sich in Baden anzusiedeln, um jüngere Generationen in der Gemeinde zu integrieren. Wobei ihm bewusst ist, dass das Bestehen und die Entwicklung der Synagoge in den folgenden Jahren für die Badener Gemeinde von erheblicher Bedeutung sein wird, dass sich neben dem religiösen Leben auch ein gesellschaftliches, für die Sozialisierung notwendiges Leben etablieren kann.

Aber einen solchen Platz hat er als zweite Ebene neben der Synagoge geschaffen: Das »Zentrum für Interkulturelle Begegnung« (ZIB) ist ein Veranstaltungsort, der durch Konzerte, Lesungen, Buchpräsentationen, Filmabende oder Theateraufführungen den Dialog zwischen Juden und Nicht-Juden fördert, jüdische Geschichte und Kultur vermittelt und damit eine Plattform in der Stadt etabliert hat, die es ermöglicht, etwaige Vorurteile ab- und ein friktionsloses, sich gegenseitig bereicherndes Zusammenleben aufzubauen.

Niederösterreich heute

Auch wenn sich kein lebendiges Gemeindeleben darum entwickeln konnte, zeigt der Zustand der Synagoge in St. Pölten in den letzten Jahrzehnten ein positiveres Bild. Das 1913 errichtete Gebäude war in der Reichspogromnacht vom 9. auf den 10. November 1938 aufs Schwerste beschädigt und in den folgenden Jahren unter anderem als Lager für russische Zwangsarbeiter genutzt worden. In den letzten Kämpfen des Zweiten Weltkrieges wurde sie weiter beschädigt und danach als Getreidelager der Roten Armee verwendet. 1952 wurde sie dann, nachdem das Gemeindeleben in St. Pölten längst erloschen war, an die israelitische Kultusgemeinde Wien restituiert und fiel in den folgenden Jahrzehnten in einen Dornröschenschlaf. 1975 wollte die IKG Wien das Gebäude an die Stadt St. Pölten veräußern, die jedoch – da sie keine Verwendungsmöglichkeit sah – ablehnte. Daraufhin sollte die Ruine abgerissen werden, was das Bundesdenkmalamt, das die Synagoge unter Denkmalschutz stellte, jedoch verhindern konnte. Ab 1980 begannen aufwendige Renovierungsarbeiten, bei denen unter anderem sogar die Wandmalereien wiederhergestellt werden konnten. Nachdem die dazugehörigen Originalschablonen ausfindig gemacht wurden, konnten auch die hebräischen Sprüche in den Medaillons in der Kuppel in den ursprünglichen Zustand versetzt werden. So zeugt die Synagoge vom einstigen blühenden Gemeindeleben in St. Pölten. Eine besondere Verwendung fand sich aber für das dazugehörige Kantorhaus: Im Jahr 1988 wurde das Institut für jüdische Geschichte Österreichs gegründet, das dort seinen Sitz hat, und das sich besonders der

Erforschung des Judentums in Niederösterreich widmet. In den zweieinhalb Jahrzehnten seit der Gründung des Institutes gab es u. a. eine reiche Publikationstätigkeit, die den zeitlichen Rahmen vom Mittelalter bis zur Shoah spannt. Das Spektrum umfasst dabei die Darstellung zeitlich und räumlich abgegrenzter Gesamtdarstellungen bis hin zu Quelleneditionen, die den Historikerinnen und Historikern wiederum Grundlagen für eigene Forschungen bieten.

Im Gegensatz zu St. Pölten konnte sich in Baden wieder ein Gemeindeleben entwickeln. Der nach Baden heimgekehrte Kaufmann Ludwig Reisz hatte 1957 den Badener Tempelverein gegründet. Seit 1964 fanden die

Die renovierte Synagoge in Baden, wiedereröffnet im September 2005

Gottesdienste im ehemaligen Sitzungssaal der Badener Kultusgemeinde statt, da eine Renovierung der devastierten Synagoge weit außerhalb der finanziellen Möglichkeiten lag. Ab Mitte der 1970er-Jahre kam es bezüglich der Erhaltung der Synagoge verstärkt zu Zwistigkeiten mit der IKG Wien, zu deren Sprengel seit 1951 auch der gesamte Raum Niederösterreich gehörte. Die Vorhaben, die Synagoge abzureißen, konnten aber verhindert werden. Nachdem schließlich ein Konsens gefunden wurde, folgte eine Finanzierungsdebatte, die die Renovierungsarbeiten bis 2004 verzögerte. 2005 kam es endlich zur feierlichen Wiedereröffnung der Badener Synagoge. In einem Teil des Gebäudes befindet sich neben dem Büro der Gemeinde auch das »Zentrum für interkulturelle Begegnung und Verständigung« – kurz ZIB.

Personenregister

Literatur (Auswahl)

Manfred Anselgruber, Herbert Puschnik: Dies trug sich zu anno 1338 – Pulkau zur Zeit der Glaubenswirren, Horn 1992.

Max Berger, Wolfgang Häusler, Erich Lessnig: Judaica – Kult und Kultur des europäischen Judentums, Wien/München 1979.

Eveline Brugger: Korneuburg 1305 – Eine blutige Hostie und ihre Folgen. In: Institut für Geschichte der Juden in Österreich (Hg.), Nicht in einem Bett – Juden und Christen in Mittelalter und Frühneuzeit (Juden in Mitteleuropa 2005), St. Pölten 2005.

Eveline Brugger, Martha Keil, Albert Lichtblau, Christoph Lind, Barbara Staudinger: Geschichte der Juden in Österreich, Wien 2006.

Club Niederösterreich – Institut für Geschichte der Juden in Österreich (Hg.): Denkmale – Jüdische Friedhöfe in Wien, Niederösterreich und Burgenland, Heidenreichstein 2006.

Alfred Damm: Weitersfeld / Schaffa – Zur Geschichte einer jüdischen Landgemeinde an der mährischen Grenze in der Neuzeit. Eine Spurensuche, Wien 2012.

Christoph Daxelmüller: Wiener jüdische Volkskunde. In: Österreichische Zeitschrift für Volkskunde 90/3, Wien 1987.

Günther Dembski: Edle Steine – schöne Bilder; Römische Gemmen und Kameen aus Carnuntum, Wien 2011.

Stefan Eminger: Lebenswelten Großgemeinde Wolkersdorf 1870–2000, Wolkersdorf 2004.

Heinz Eybel, Christa Jakob, Andreas Kloner, Susanne Neuburger: Verdrängt und Vergessen – Die jüdische Gemeinde in Mistelbach, Mistelbach 2003.

Alfred Fehringer: »Ihr müsst hier weg« – Die jüdische Gemeinde Hollabrunn von 1850 bis 1938, Wien 2008.

Ernst Rainer Gramm: Jüdische Lebensformen im westlichen Niederösterreich während des Neoabsolutismus und der vorkonstitutionellen Ära nach den Akten der Statthalterei von Niederösterreich, Neulengbach 2003.

Christof Habres: Jüdisches Wien – Entdeckungsreisen, Wien 2011.

Christof Habres, Elisabeth Reis: Jüdisches Burgenland – Entdeckungsreisen, Wien 2012.

Wolfgang Haider-Berky: Die mittelalterliche Judengemeinde von Neunkirchen und ihre Synagoge. In: Verein für Landeskunde von Niederösterreich (Hg.), Unsere Heimat – Zeitschrift des Vereins für Landeskunde von Niederösterreich (Jg. 70/1), St. Pölten 2000.

Friedrich Heller: Die Geschichte unserer Stadt Groß-Enzersdorf, Groß-Enzersdorf 1996.

Sabine Hödl: Juden in Niederösterreich von 1493 bis 1555 – Eine Suche nach jüdischen Zeugnissen in einer Zeit ohne Juden, Wien 1994.

Sabine Hödl: Zur Geschichte der Juden in Österreich unter der Enns 1550–1625, Wien 1998.

Institut für jüdische Geschichte Österreichs (Hg.): Zwischen den Zeilen – 20 Jahre Institut für jüdische Geschichte Österreichs (Juden in Mitteleuropa 2008), St. Pölten 2008.

Eleonore Lappin, Susanne Uslu-Pauer, Manfred Wieninger: Ungarisch-jüdische Zwangsarbeiterinnen und Zwangsarbeiter in Niederösterreich 1944/45, St. Pölten 2006.

Christoph Lind: »Der letzte Jude hat den Tempel verlassen« – Juden in Niederösterreich 1938–1945, Wien 2004.

Christoph Lind: Jüdische Zuwanderung nach Niederösterreich aus Böhmen, Mähren und Ungarn. In: Institut für Geschichte der Juden in Österreich (Hg.), Neuland – Migration mitteleuropäischer Juden (Juden in Mitteleuropa 2007), St. Pölten 2007.

Klaus Lohrmann (Hg.): 1000 Jahre Österreichisches Judentum, Eisenstadt 1982.

MGH Deutsche Chroniken Band 6: Österreichische Chronik von den 95 Herrschaften, Hannover/Leipzig 1909.

Gerhard Milchram: Heilige Gemeinde Neunkirchen – Eine jüdische Heimatgeschichte, Wien 2000.

Friedel Moll: Jüdisches Leben in Zwettl – Koexistenz und Verfolgung, vom Mittelalter bis ins 20. Jahrhundert (Zwettler Zeitzeichen 13), Zwettl 2009.

Leopold Moses: Spaziergänge – Studien und Skizzen zur Geschichte der Juden in Österreich, Wien 1994.

Friedrich Polleroß (Hg.): »Die Erinnerung tut weh« – Jüdisches Leben und Antisemitismus im Waldviertel, Horn/Waidhofen an der Thaya 1996.

Peter Rauscher: Langenlois – Eine jüdische Landgemeinde in Niederösterreich im Zeitalter des Dreißigjährigen Krieges, Horn/ Waidhofen an der Thaya 2004.

Thomas E. Schärf: Jüdisches Leben in Baden – Von den Anfängen bis zur Gegenwart, Wien 2005.

Elisheva Shirion: Gedenkbuch der Synagogen und jüdischen Gemeinden Österreichs, Horn 2012.

Barbara Staudinger: »Gantze Dörffer voll Juden« – Juden in Nieder-österreich 1496–1670, Wien 2005.

Robert Streibel: Plötzlich waren sie alle weg – Die Juden der »Gauhauptstadt Krems« und ihre Mitbürger, Wien 1991.

Irene Suchy: Strasshof an der Nordbahn – Die NS-Geschichte eines Ortes und ihre Aufarbeitung, Wien 2012.

Werner Sulzgruber: Das jüdische Wiener Neustadt; Geschichte und Zeugnisse jüdischen Lebens vom 13. bis ins 20. Jahrhundert, Wien 2010.

Elisabeth Wappelshammer: Jüdische Geschichte – Jüdische Kultur in Niederösterreich; Erinnerungen ans Mittelalter und seine Folgen, Wien 1990.

Gerhard Weisskircher: Juden im Weinviertel – Das Schicksal einer Minderheit am Beispiel einer mitteleuropäischen Region. In: NÖ Bildungs- und Heimatwerk (Hg.), Weinviertler Hausbuch, Wien 1989.

Herwig Wolfram: Grenzen und Räume; Geschichte Österreichs vor seiner Entstehung, Wien 2003.

Verein zur Dokumentation der Geschichte der jüdischen Bevölkerung in Wolkersdorf (Hg.): Wolkersdorf 1938 – Erinnerung an die jüdischen EinwohnerInnen von Wolkersdorf, Wolkersdorf 2007.

Eva Zeindl: Die israelitische Kultusgemeinde Horn, Wien 2008.

Zeitschriften: David – Jüdische Kulturzeitschrift, diverse Ausgaben.

Christof Habres
Jüdisches Wien
€ 19,90

Christof Habres
Elisabeth Reis
Jüdisches Burgenland
€ 19,90

www.metroverlag.at

Christof Habres, geboren in Wien. Studium der Handelswissenschaft, Kommunikations- und Politikwissenschaft. Arbeitet als Journalist und Kunsthändler in Wien. Im Metroverlag erschienen zuletzt »Moische, wohin fährst du?«, »Jüdisches Wien« und »Jüdisches Burgenland«.

Wolfgang Galler, 1978 geboren, lebt im Weinviertel. Arbeitet als Historiker, Autor und Ausstellungskurator.

Mit freundlicher Unterstützung der
Niederösterreichischen Landesregierung, Wissenschaft und Forschung

Bildnachweis:
S. 9 Chronik von den 95 Herrschaften: Courtesy of Dr. Jörn Günther Rare Books, Basel; 11 Land Niederösterreich – Archäologischer Park Carnuntum, Bad Deutsch-Altenburg (Foto: N. Gail); 46 Sammlung Gössinger, Bockfließ; 87 Sammlung Schärf; 134, 135 Strakosch Oskar Sima, Museum Hohenau an der March; 15, 30, 5062, 76, 91, 105, 115,128, 137,154, 163,178 Andrea Peller, Wien. Alle übrigen Bilder stammen aus den Archiven des Metroverlags bzw. aus den Privatarchiven der Autoren.

Der Verlag hat alle Rechte abgeklärt und bedankt sich für die Zurverfügungstellung der Bilder. Konnten in einzelnen Fällen die Rechteinhaber der reproduzierten Abbildungen nicht ausfindig gemacht werde, bitten wir Sie, dem Verlag bestehende Ansprüche zu melden.

© 2013 Metroverlag, Wien
Verlagsbüro W. GmbH
Gesamtherstellung: Druckerei Theiss GmbH, St. Stefan i. Lavanttal
ISBN 978-3-99300-114-8